Markus Hofer
Franziskus für Männer

topos taschenbücher, Band 861
Eine Produktion der Verlagsanstalt Tyrolia

Markus Hofer

Franziskus für Männer

Was uns der Mann aus Assisi zu sagen hat

Mit einem Vorwort von Richard Rohr

topos taschenbücher

Verlagsgemeinschaft topos plus
Butzon & Bercker, Kevelaer
Don Bosco, München
Echter, Würzburg
Lahn-Verlag, Kevelaer
Matthias Grünewald Verlag, Ostfildern
Paulusverlag, Freiburg (Schweiz)
Verlag Friedrich Pustet, Regensburg
Tyrolia, Innsbruck

Eine Initiative der Verlagsgruppe engagement

Bibliografische Information der Deutschen Nationalbibliothek
Die Deutsche Nationalbibliothek verzeichnet diese Publikation in der Deutschen Nationalbibliografie; detaillierte bibliografische Daten sind im Internet über http://dnb.d-nb.de abrufbar.

Einband- und Reihengestaltung | Finken & Bumiller | Stuttgart
Herstellung | Friedrich Pustet | Regensburg
Printed in Germany

ISBN: 978-3-8367-0861-6
www.toposplus.de

Inhaltsverzeichnis

Geleitwort

Es ist wichtig, dass sich Markus Hofer entschlossen hat, ein Buch zu schreiben über Franziskus von Assisi, und zwar über ihn als Mann, nicht als Heiligen, der er ja auch ist, nicht als Ideal von etwas oder Gegenfigur zu etwas, sondern über ihn als einen normalen Mann, der seine menschliche Reise, seinen Weg gehen musste, wie jeder Mensch seinen Weg gehen muss. Er hat sich richtigerweise entschieden, Franz als einen „Jedermann" zu sehen und hat dabei einen Archetypen gefunden.

Als ein solcher vereinigte Franz viele Seiten in sich. Als Mann war er beides, männlicher Ritter und weiblicher Poet gleichzeitig, er konnte Frauen wie Männer in einer tiefen und fürsorglichen Art lieben. Er war ein Mann, der von sich aus Gott traute, zu einer Zeit, in der die Kirche das niemand zugestand; der Gott vertraute, auch als alles, was er von Gott hörte, auseinanderzufallen schien; ein Mann, der mit seiner Sexualität kämpfte und sie kreativ umwandelte; ein Mann, der die institutionalisierten Formen von Religion und Kultur grundlegend anzweifelte; ein Mann, der fanatisch und ebenso flexibel sein konnte; ein Mann, der politisch handelte, indem er das Evangelium Jesu in der radikalsten Weise lebte; ein Mann der Kirche, aber in einer völlig auf die Schöpfung bezogenen Form. Er war ein Mann, der gesehen wird als Urvater für Ökologen, Kirchenreformer, Friedensstifter, Künstler jeder Art, für jene, die sich um Ökumene bemühen, für alle, die Einfachheit suchen, für jede Form von Geschwisterlichkeit, für Tierschützer, Sterngucker und Träumer, heilige Narren, Bettler und sogar als Prototyp des Italieners. Dieser ausgeprägte Mann hat viel Richtiges getan! Zu Recht gilt er als „das größte natürliche spirituelle Genie des Westens". In der Bibliothek der internationalen Sprachen hat er die längste Einzelbibliografie. Er wird von allen Kulturen geschätzt. Und Assisi war die einzige Stadt der Christenheit, die sich der Papst vorstellen konnte, um die führenden Köpfe der Weltreligionen einzuladen.

Doch es geht nicht so sehr darum, dass er alles perfekt gemacht hätte, denn er war kein systematischer Denker, seine Aktionen waren nicht immer nur bündig, er hat auch ordentliche Fehler gemacht. Ich glaube, wenn wir ihn ehrlich betrachten, hatte er einige Flausen und vermutlich wäre es nicht ganz einfach gewesen, mit ihm zu leben. Er war richtend, fordernd, rechthaberisch, kleinlich, sehr widersprüchlich und hatte ein riesiges Ego. Er behandelte seinen Vater in der Art eines eingebildeten Teenagers, seine Brüder wie Kinder und Klara, als wäre sie seine Verführerin. Er liebte die dramatische Geste, mit der er die Aufmerksamkeit auf sich zog. Spaßeshalber nannten wir ihn einmal den „Patron der Exhibitionisten"! Jedenfalls hatte er ein tiefes Bedürfnis, etwas Besonderes zu sein. Aus heutigem Abstand können wir nicht mehr sicher sagen, ob er immer tief fühlte oder manchmal auch ein billiger Sentimentalist war. Meiner Meinung nach war er nicht nur groß im Leben, sondern auch groß in der Sünde – mit anderen Worten: Er war berufen. Das sind die Leute, die brauchbar sind für Gott. Sie halten viel zusammen, weil sie zusammen gehalten werden von einer gewaltigen Liebe. Sie sind lebendige Ikonen jenes ganzheitlichen Prozesses, den wir Bekehrung oder Erleuchtung nennen.

Franz hielt alle Farben des Lebens zusammen und darum leuchtete er wie eine weiße Sonne. Das Dunkel war in ihm nicht ausgeklammert, sondern vielmehr eingeschlossen, versöhnt und in eine neue Art von Licht gewandelt. Er hielt die verschiedenen Teile in Schwebe und balancierte sie so gegen- oder miteinander, dass das Ergebnis reine Kunst und Poesie war. Er hielt das Zentrum, die Mitte so fest, oder besser, er ließ sich von Gott so fest halten, dass alle diese Teile sich zusammenfügten, verschmolzen und etwas wirklich Neues schufen. Dem Fanatismus führte er die Vergebung zu, mit milder Güte glich er die Rechthaberei aus, mit der großen Seele die sentimentalen Gefühle. Gott und Mensch brachte er in sich selber ins Lot, weil er genau darin in Jesus das Vorbild verehrte. Willen und Gnade, Absicht und Geschenk vereinte er in seiner Seele, weil er sah, dass Gott mit ihm dasselbe machte. Er hielt das Gleichgewicht zwischen seinen männlichen und weiblichen, seinen erwachsenen und kindlichen Seiten, und das in einer Weise, die nur möglich wurde, weil ein Anderer in ihm am Werk war. Ein Anderer war es, der ihn gelten ließ, der ihn liebte, ihm vergab, ihn annahm und ihn in einer so tiefen Weise befreite, dass er schlussendlich dasselbe tun konnte für sich, für andere und vielleicht für uns alle. Er hielt viel zusammen, weil er zuließ, dass Gott ihn zusammenhielt. Was immer Erleuchtung ist – es scheint, dass wir es nicht für uns selbst tun können. Vielmehr wird es uns immer gegeben, geschieht es mit uns. Es ist ein Drahtseilakt, der großen Wagemut und Vertrauen voraussetzt. Es ist weniger ein Akt der Perfektion, als vielmehr ein Akt des Loslassens. Es ist weniger eine Frage von Leistung und Verdienst, als vielmehr eine Frage von vertrauensvoller Liebe. Es ist weniger der ständige Kampf zwischen Gut und Böse, sondern vielmehr das Zulassen einer unendlichen Barmherzigkeit für uns selbst und andere. Und zu guter Letzt hat es mit Dankbarkeit zu tun, Dankbarkeit für das, was ist, und Freude an dem, was ist. Religionen nennen das Heiligkeit, für gewöhnliche Leute ist es einfach Menschsein.

•

Fr. Richard Rohr OFM
Albuquerque, New Mexico

Vorwort

Franziskus und ich – das war keine Liebe auf den ersten Blick. Als der vermeintliche Bruder Immerfroh berührte er mich nicht und als eine Art religiösen Pferdeflüsterer wollte ich ihn mir auch nicht vorstellen. Die gängigen Bilder waren so schön heilig und schon gar nicht männlich. Warum dann doch ein Buch über ihn als Mann?

Es waren seine Einsiedeleien in Mittelitalien, deren Faszination mich nicht mehr los ließ, tatsächlich wilde Orte, in denen ein Mann gehaust haben muss, den ich auch als Mann in den Blick bekommen wollte. Nach einem ersten Buch über Franziskus von Assisi, in dem ich versucht habe, den Staub der frommen Geschichtsschreibung wegzublasen und die historische Figur mit ihren Ecken und Kanten in den Blick zu bekommen, unternahm ich mit anderen Männern spirituelle Fahrten zu den verschiedenen Einsiedeleien. An diesen Orten hat sich in mir etwas getan, das mich nicht mehr losließ. Im gezielten Blick auf Franziskus als Mann, und als solchem möchte ich hier von ihm einfach als „Franz" reden, gingen mir Dinge auf, für die ich eine Form finden musste. Tiefendimensionen des Mannseins taten sich auf oder besser, sie flossen zusammen im Blick auf diesen Heiligen, dessen Grandiosität mir immer greifbarer gegenüberstand. Was hat uns dieser Mann heute zu sagen? Diese Frage lässt sich nicht mehr wissenschaftlich beantworten. Sie fordert zur Entscheidung heraus.

Frauen spielen in dem Buch kaum eine Rolle. Als meine Frau das Manuskript las meinte sie: „Wenn eine Frau etwas über Männer erfahren will, soll sie dieses Buch lesen. Wenn sie etwas über Frauen erfahren will, wird sie enttäuscht sein.“ Es ist ein Buch über einen Mann und für Männer. Vielleicht ist es aber gerade deshalb auch ein Buch für Frauen, die neugierig sind auf Männer.

Markus Hofer

Giovanni di Pietro di Bernardone

Vermutlich war es im Winter, am Beginn des Jahres 1182, als Giovanni, der Sohn des Pietro di Bernardone, das Licht der Welt erblickte. Die Winter in Assisi können zwar kalt sein, doch fällt sehr selten Schnee. Mit alpenländischer Christkind-Romantik dürfte es wenig zu tun gehabt haben, zumal der Neugeborene das Weihnachtsfest erst richtig erfand; doch davon später. Als Giovanni auf die Welt kam, weder Geburts- noch Taufdatum wissen wir, befand sich sein Vater gerade auf einer Geschäftsreise in Frankreich. Er war Tuchhändler und die modischen Stoffe aus der Provence gerade der letzte Schrei. Geburten waren hingegen noch reine Frauensache und vermutlich hätte man ihn als Mann gar nicht bis zum Wochenbett seiner Frau vorgelassen. Der Vater, später als der große Bösewicht dieser Geschichte hingestellt, wäre aber zweifellos zur Geburt nach Hause gejettet, hätte er Handy und Flugzeug zur Verfügung gehabt. Er liebte seinen erstgeborenen Sohn über alles und setzte seine ganzen Erwartungen in ihn. So aber war er weit weg und seine Frau, Giovannis Mutter, über die wir fast nichts wissen, ließ ihn auf diesen Namen taufen. Die Abwesenheit des Vaters bei der Geburt und die Schwierigkeiten, die Giovanni später mit ihm hatte, ließen vorschnell das Bild eines weichen Muttersohns entstehen. So einfach dürfte es allerdings nicht gewesen sein, und später zeigte er auch, wie viel er von der männlichen Tatkraft seines Vaters übernommen hatte.

Als Pietro di Bernardone von seiner Geschäftsreise beladen mit wohlfeilen Stoffen wieder nach Assisi kam, taufte er aus lauter Stolz und Freude seinen erstgeborenen

Sohn um und nannte ihn Francesco, Französlein; nicht, dass er deswegen nochmals zum Priester gegangen wäre, schließlich gab es für einen Francesco auch noch keinen Heiligen als Namenspatron. Auf seinem Taufschein, gäbe es einen solchen, würde vermutlich heute noch Giovanni di Pietro di Bernardone oder so ähnlich stehen. Damals gab es außerhalb des Adels kaum feststehende Familiennamen, vielmehr waren es freie Beinamen, um die vielen Pietros und Giovannis voneinander zu unterscheiden. Das heute gebräuchliche „Franziskus" ist die lateinische Form seines Namens und einfach als Mann dürfen wir ihn auch „Franz" nennen. Den Namen Francesco, den ihm der Vater gab, behielt er zeit seines Lebens.

Der Sohn eines Neureichen

Franz war der erstgeborene Sohn eines Neureichen. Sein Vater war ein angesehener Bürger der Stadt Assisi und gehörte damit einer neuen Gesellschaftsschicht an. Bis dahin gab es nur zwei soziale Schichten, den Adel und das Volk, die Mächtigen und die Ohnmächtigen, die Reichen und die Armen. Zu jener Zeit entstand aber die neue, immer stärker werdende Schicht des aufstrebenden Bürgertums, die ihre Macht der Marktwirtschaft verdankte. Durch Gewerbe, Handel und vor allem Geldwirtschaft gewannen die Bürger an Stellung, Einfluss und zunehmend auch an politischer Macht. So kam es in Assisi, als Franz gerade sechzehn Jahre alt war, zu einem Bürgerkrieg, bei dem der Adel vorerst unterlag und nach Perugia flüchtete.

Wie so oft benehmen sich aber erst die Kinder der Neureichen so richtig neureich. Dem Vater war noch klar, wie schwer dieses Geld zu verdienen ist und wie leicht eine wirtschaftliche Glückssträhne reißen kann. Sein soziales Selbstbewusstsein als wohlhabender Bürger zeigte sich eher in seiner innerlich stolzen Haltung und weniger darin, dass er sich mit teuren Statusobjekten umgab. Dies oblag seinem extrovertierten Herrn Sohn, der übertrieben teure Gewänder gerade für das Angemessenste hielt. Er war ein Modegeck mit einem Hang zu Designerklamotten, die nicht extravagant genug sein konnten. Einmal nähte er, als sich die Exquisitheit der Stoffe nicht mehr steigern ließ, einen alten Stofffetzen auf ein teures Kleid und schuf so einen noch ausgefalleneren Look.

Franz hatte eine gewisse Sucht aufzufallen, war nicht ganz uneitel und wohl auch etwas angeberisch. Er war ein Mensch, der sich inszenierte, und das dürfte er zeit seines Lebens geblieben sein. Wir dürfen uns ihn als typischen Mittelitaliener vorstellen, nicht allzu groß, lebhaft, voll Energie und mit funkelnden Augen, ein Mann, der gleichzeitig verdeutlicht, was er sagt, der mit seinem ganzen Körper spricht, gestikuliert, der weiß, dass einige Showelemente nicht schaden können, und viel von Dramaturgie versteht. Franz muss in seinem Auftreten eine große Wirkung auf die Menschen gehabt haben. Seine inhaltlich eher gleichförmigen Predigten müssen ihre große Wirkung gerade in diesem Auftreten gehabt haben. Der Schein vom demütig in sich zusammengesunkenen Mann, den das berühmte Bild von Cimabue vermittelt, trügt.

Franz war aber kein reiner Angeber, sondern bei seinen Altersgenossen in Assisi sehr beliebt wegen seiner heiteren und gewinnenden Art und nicht zuletzt weil er sehr freigebig war und das Geld nicht nur in seine Kleider steckte, sondern auch bei Gastmählern fast verschwenderisch damit umging. Die Eltern tadelten ihn zwar deswegen, ließen den Sohn aber doch gewähren.

Der Traum vieler junger Männer des aufstrebenden Bürgertums war das Leben eines Ritters. Ein wenig schielten sie in Richtung Adel. Franz hatte ein ausgesprochenes Faible für höfische Lebensart, das sich nicht nur in der noblen Kleidung zeigte, sondern auch in der Ausdrucksweise und in der Liebe zu den französischen Liedern der Troubadours, die damals gerade hoch im Kurs waren, und von denen der Vater einige aus Frankreich mitbrachte. Später noch wechselte er, wenn er glücklich und euphorisch war, ins Französische und begann nicht selten diese Lieder zu singen.

Der Apfel und sein Stamm

Für den Vater war klar, dass der Filius das Tuchgeschäft übernehmen würde, und er brachte ihm alles bei, was dafür nötig war. In einer Schule war Franz nur für kurze Zeit und sein Latein war mehr schlecht als recht; vermutlich konnte er besser Französisch. Er lernte eher jene Wörter, die er brauchte, um Geschäftsdokumente, Verträge und Rechnungen auszustellen. Dafür hat mit Sicherheit sein Vater gesorgt, der ihn früh in das Geschäft miteinbezog.

Dieser Vater wurde später in den düstersten Farben gemalt. Es stimmt, dass er die Veränderungen seines Sohnes nicht verstehen konnte, aber gleichzeitig musste er alle

Hoffnungen, die er in ihn gesetzt hatte, begraben. Es stimmt, dass er wütend war, als ihm der Sohn die teuersten Stoffe verscherbelte, aber er musste dieses Geld auch zuerst verdienen. Es stimmt, dass er sich in Grund und Boden schämte, als sein Erstgeborener durchfroren, ausgehungert und in Lumpen in Assisi auftauchte, aber er schämte sich, weil er ihn über alles liebte. Warum musste es dann doch zum Eklat kommen? Weil hier zwei Sturschädel aufeinander stießen. Diese beiden Männer waren in ihrer Art nicht so verschieden, wie es den Eindruck haben mag. Der Apfel fiel nicht so weit vom Stamm, wie man glauben könnte. Natürlich drehte der Sohn die Vorzeichen völlig um, doch davon abgesehen, waren sie sich sehr ähnlich. Beide waren sie konsequente, entschlussfreudige und tatkräftige Männer, und darum konnte es mit ihnen nicht mehr weitergehen. Zudem waren beide ehrgeizig. Ging es dem einen darum, reichster Mann von Assisi zu werden, wollte der andere unbedingt der Ärmste der Armen sein. Beide wussten genau, was sie wollten, und gerade darin waren sie sich sehr ähnlich.

Franz: Jetzt muss ich schmunzeln, aber das ist wirklich interessant. Für mich war die Sache mit dem Vater nach der Szene vor dem Bischof einfach erledigt. Mir war so klar, was ich zu tun hatte, und es war auch nicht gegen meinen Vater als Mensch gerichtet. Für ihn brach wohl eine Welt zusammen, das wird mir jetzt bewusst. Er tut mir fast Leid, wenn ich daran denke.

Waren wir wirklich so ähnlich? Ich habe ihn immer nur als mein Gegenteil gesehen. Er war für mich immer nur der, der mich nicht verstehen konnte und mich an meiner Berufung hindern wollte. Aber wahrscheinlich konnte ich ihn auch nicht verstehen. Wir waren beide so überzeugt von unserer jeweils eigenen Sache. Und es stimmt, darin waren wir genau gleich. Und doch, es nützt nichts, ich musste es tun – und er musste es tun. Es hat offensichtlich so sein müssen, wie es war. Von außen besehen stimmt es, dass da zwei Sturschädel aufeinander geprallt sind. Diese Sicht hat nachträglich etwas Versöhnliches für mich. Das Recht, das ich mir herausgenommen habe, muss ich auch meinem Vater zugestehen. Die Trennung zwischen uns war nötig, war unvermeidlich. Ich musste anders tun als er. Aber müssen wir uns deshalb über die Väter stellen?

Langsam schaffe ich es, ihn sein zu lassen, wie er war, und das Schöne ist, dass sich bei mir gleichzeitig eine wohlige Ruhe einstellt. Wie oft wollen wir Söhne unsere Väter verändern und wie kommen wir dazu? Es ist, als ob ich ihm nachträglich die Hand reichen könnte. Vielleicht hat er schon länger als ich auf so etwas gewartet.

Das ist gar nicht so leicht zuzugeben, dass wir uns viel ähnlicher waren, als es den Eindruck hatte. Ich habe mich später nie mehr viel mit meinem Vater beschäftigt. Soll er doch tun, wie er will, dachte ich mir. Ich musste mich zwar von ihm trennen, aber deshalb hätte ihn niemand zum Bösewicht oder Sündenbock machen müssen. Darum fällt es jetzt auch schwer, so etwas zuzugeben. Genau besehen hatten wir viel gemeinsam. Und genau besehen habe ich viel von ihm gelernt. Ich bin zwar der große Franz, aber im Moment überkommt mich als Sohn ein Gefühl von Demut und Dankbarkeit gegenüber meinem Vater.

Ein junger Mann ver-rückt

Im ersten Bürgerkrieg unterlagen die Adeligen und viele von ihnen flüchteten in die Nachbarstadt Perugia. Vier Jahre später kam es zu einem erneuten Krieg, nun zwischen den Städten Assisi und Perugia, das sich mit dem Adel Assisis verbündete. Für den jungen Möchtegern-Ritter schien die Stunde geschlagen zu haben. Hoch zu Ross und mit höfischem Benehmen zog Franz mit zwanzig Jahren in diesen Städtekrieg. Es nützte alles nichts. Assisi verlor bei der Schlacht von Colestrada und Franz wurde gefangen genommen. Die Friedenscharta von 1202 stellte die Rechte des Adels in der Stadt wieder her und verpflichtete die Bürger zu hohen Zahlungen. Zweifellos musste auch der Tuchhändler Bernardone tief in die Tasche greifen.

Über ein Jahr saß Franz in Perugia in Gefangenschaft, und nun beginnt eine neue Geschichte, leise und mit nur kleinen Anzeichen vorerst. Seine Gefährten waren niedergeschlagen, während er sich durch eine Heiterkeit hervortat, die den anderen nicht geheuer war. Sie hielten ihn für verrückt, und es ist die Geschichte einer großen Verrücktheit, die nun begann, einer Verrücktheit, die uns bis heute zu berühren vermag und die sich allmählich ankündigte, ein Ruck nach dem anderen, bis er gänzlich die Seiten gewechselt hatte, bis er ganz ver-rückt war. Der größte Narr der Welt, wie er sich später bezeichnete, lachte noch, wo es nichts mehr zu lachen gab. Als ein Ritter einem Mitgefangenen ein Unrecht tat und die anderen ihn deshalb mieden, war er der Einzige, der ihm nicht die Freundschaft aufkündigte.

Vielleicht ahnte er bereits, dass dem Schuldigen das Recht auf Besserung genommen wird, wenn er ausgeklammert wird. Der Narr jedenfalls stellte sich auf die Seite des Sündenbocks, und das aus einer unerklärlichen, aber spürbaren Überzeugung, weshalb er bei seinen Gefährten zwar für verrückt galt, aber doch nicht unten durch war.

Franz war ein ausgewachsener Jungunternehmer, als er mit zwanzig in diesen Krieg zog. Er war zwar nicht wirklich ein Ritter, aber ein Bürger, der auch politisch seinen Mann stellte. Was mit ihm nun begann, hatte nichts mehr mit postpubertären Flausen zu tun. Er war, auch wenn er zuhause wohnte und unverheiratet war, zweifellos voll eingebunden in die Geschäfte seines Vaters, war ein junger Kaufmann, der bereits seine Verantwortung zu tragen hatte. Die Geschichte, die hier beginnt, ist die Geschichte eines jungen Mannes und nicht das Revoluzzertum eines Berufsjugendlichen oder das saftlose Umherirren eines verweichlichten Muttersohns, der nicht weiß, was er tun soll. Es ist die Geschichte eines jungen Mannes, der spürt, hört und handelt.

Nachdem Franz freigelassen wurde, Vater Pietro musste vermutlich nochmals in die Tasche greifen, befiel ihn eine längere Krankheit als Folge der einjährigen Gefangenschaft. Körperlich war er sicher kein Riese und gesundheitlich nicht gerade von robuster Natur. Als ein Adeliger aus der Stadt zu einem Feldzug nach Apulien rüstete, entbrannte in ihm allerdings ein anderes Fieber. Franz witterte die neue Chance, Ritter zu werden, und stattete sich zuerst einmal ordentlich aus. Stutzerhaft kam der junge, bürgerliche Möchtegern-Ritter daher und seine Ausrüstung war weit kostbarer als die des auch nicht gerade armen Adeligen. Allerdings, und nun tut sich wieder ein kleiner Ruck, schenkte er bereits am Abend, bevor es losging, seine teuren Klamotten einem Dritten, einem verarmten Ritter, der ebenfalls mitziehen wollte, sich die passende Ausrüstung aber nicht leisten konnte.

In der folgenden Nacht träumte Franz von einem großen Palast, voll mit herrlichem Kriegsgerät. Die Traumstimme verkündete, dass dieser Palast ihm und seinen Rittern gehöre. Im Traum sah er die Bestätigung, dass etwas Großes aus ihm werden würde. So viel war er sich nun sicher, auch wenn er am nächsten Morgen glaubte, ein großer Fürst zu werden, und deshalb mit noch mehr Freude und Eifer auf den Feldzug drängte.

Von Assisi zieht sich das breite Tal nach Süden, wo es sich nach etwa einem Tagesritt bei Spoleto verengt. Dort machte man dann auch den ersten Halt, und in der frühen Nacht meldete sich wieder ein Traumgesicht, das den Träumer zu einer Korrektur zwang. Offensichtlich hatte er den Traum des Vortags falsch verstanden, weshalb ihn nun eine Stimme fragte, ob er dem Knecht oder dem Herrn dienen wolle. Er erkannte, dass der Herr selbst zu ihm sprach, und war bereit zu tun, was er von ihm wolle. Er solle zurückkehren nach Assisi und werde dort erfahren, was zu tun sei. An Schlaf war für den Rest der Nacht nicht mehr zu denken, und am folgenden Tag kehrte Franz in seine Heimatstadt zurück. Nichts war es mit dem erhofften Rittertum.

Franz: Träumer, war ich das? Es schaut für einen heutigen Mann sicher so aus. Für viele galt ich erst recht als Träumer, als ich begann umzusetzen, was mir der Traum sagte. Es war gar nicht so leicht, das daheim zu erklären, als ich nach zwei Tagen vom Feldzug zurückkehrte. Man kann sich vorstellen, dass ich einigen Spott auszuhalten hatte, und trotzdem war es gerade der Traum, weswegen es mir nichts ausmachte.

Man träumt viel und oft ist es nur eine seelische Aufbereitungsanlage. In diesen beiden Nächten war es aber anders, darum konnte ich diese Träume auch so detailgenau erzählen. Es stand plötzlich so klar vor mir, war so eindeutig, dass es keine Frage mehr gab. Ich wusste glasklar, dass ich eine besondere Berufung hatte, auch wenn mir noch lange nicht bewusst war, welche. Man kann so etwas schwer aussprechen und es klingt wohl wieder angeberisch. Aber ich spürte die Sicherheit in mir, die tiefe Überzeugung. Ich hatte keine Wahl, sonst hätte ich mich selbst verraten. Einfach ist es nicht, wenn man nichts Genaueres weiß und es niemand erklären kann. Man kann es für eine riesige Einbildung halten, aber für mich war es die Frage, ob ich mir selber treu bin. Der Traum war ein Teil von mir, ein Teil meiner eigenen Klarheit.

In der zweiten Nacht war mir bewusst, dass es der Herr selbst war, dass es Gott war, der zu mir sprach. Ich weiß, wie gefährlich solche Aussagen sind – heute noch viel mehr als damals. Vielleicht spricht Gott nicht mehr zu euch, weil ihr nicht mehr damit rechnet, dass er zu euch spricht. Viele haben den Empfang abgeschaltet, die Antenne eingezogen, und dann kann auch nichts ankommen. Im Normalfall trifft es dich nicht wie ein Blitz wie beim Apostel Paulus, der in Damaskus sein legendäres Erlebnis hatte. Besser wäre es auch, ihr lasst es gar nicht auf einen Blitz ankommen. Nicht wenige Männer trifft heute der Blitz als Herzinfarkt oder in einem Schicksalsschlag, und dann verstehen sie ihn trotzdem nicht. Der Blitz heißt immer: Du musst dein Leben ändern!

Der Traum war aber mein Traum, das möchte ich klar festhalten. Auf meinen Traum könnt ihr euch nicht berufen. Ich weiß nicht, was euer Weg ist, und euer Weg muss nicht mein Weg sein. Schon gar nicht müsst ihr meinetwegen alle Franziskaner werden. Wenn ich dadurch, dass ich meinem Traum gefolgt bin und meinen Weg konsequent gegangen bin, den einen oder andern von euch aufrütteln kann, dann freut es mich. Schlimm ist es, wenn ihr nicht mehr fragt, nicht mehr hineinhört, die Antennen verrosten lässt, glaubt, ihr selber wisst alles und das auch noch besser, wenn ihr mit ihm nicht mehr rechnet. Dann werdet ihr verkümmern und nie erfahren, was er Großes mit euch vorhatte. Und wenn ihr es spürt und hört, dann tut es auch.

Der Ritter wechselt die Braut

Franz kehrte vorerst ganz einfach zurück in sein bisheriges Leben und wurde, er war gerade dreiundzwanzig Jahre alt, nochmals zum Anführer der Jugend gewählt, einer Art Faschingsprinz, der vor allem die Kosten diverser Festivitäten zu tragen hatte. Da er für seine Freigebigkeit bekannt war, dürften seine weiten Spendierhosen einiges zu dieser Wahl beigetragen haben. Als sie eines Nachts, vielleicht auch ein wenig angetrunken, durch die Straßen Assisis zogen, blieb er plötzlich mit einem verklärten Blick stehen. Einige werden sich gefragt haben, ob er einen Joint zu viel hatte. Andere meinten, er sei verliebt, und stellten ihn zur Rede. Ja, er werde eine Braut nehmen, meinte Franz, aber eine, die viel edler, reicher und schöner sei als alle, die sie je gesehen hätten. Der nächtlichen Gaudi-Gesellschaft reichte diese Auskunft. In dieser Ekstase – Franz war ein ekstatischer Mensch und mit solchen Vorgängen werden wir in seiner Geschichte zu rechnen haben – tat sich für ihn der nächste Ruck.

Eine der großen Aufgaben des mittelalterlichen Ritters war es, einer Braut zu dienen, einer ‚Frouwe', wie es im Deutschen hieß. Dies galt für den Ritter auch dann, wenn er keine Aussicht auf Erfolg hatte. Der Minnedienst gehörte neben dem Bestehen von Abenteuern ganz einfach zu den Grundaufgaben eines Ritters. In dieser Nacht bekam das Schwärmen des Möchtegern-Ritters einen neuen Inhalt. Ihm wurde – wieder einmal schlagartig – klar, dass die Armut die Braut war, in deren Dienst als Ritter er zu treten hatte. In seiner höfischen Bildersprache war die Armut jene edle Braut, mit der sich der junge Ritter vermählte und der er in Zukunft dienen wollte. Konsequent wie er war, profitierten von seiner Freigebigkeit fortan die Armen, die um Almosen bettelten.

Noch war viel Schwärmerisches und Verklärtes im Spiel, noch stand ihm sein weiterer Weg alles andere als klar vor Augen, aber er hatte sein Thema gefunden: die Armut. Was nun tun damit? Franz versuchte und experimentierte, manchmal auch äußerst plump und unbeholfen, aber er ließ nicht mehr los. Mit vierundzwanzig Jahren kam er anlässlich einer Wallfahrt nach Rom. Voll von diffusem Eifer ärgerte er sich darüber, wie wenig die Leute am Grab des Apostels spendierten, und warf seine ganzen Silbermünzen vor den Altar, dass es nur so schepperte und alle Herumstehenden sich wunderten. Als er aus der Kirche trat, sah er die Armen, die dort um Almosen bettelten. Einen von ihnen bat er, ihm seine Lumpen zu leihen, zog die Designerklamotten aus und bettelte in vornehmem Französisch um Almosen. Der gepflegte Bürgersohn, der in geliehenen Lumpen auf Französisch bettelte, muss ein skurriler Anblick gewesen sein. Er wird es selbst gemerkt haben, denn er zog seine Kleider wieder an, gab die Lumpen zurück, ging heim nach Assisi und wandte sich an seinen Herrn, damit er ihm zeige, was sein Weg sei. Das war es wohl noch nicht.

Das dem Rittertum entlehnte Bild von der Braut Armut war sein Bild, aber noch pflegte er es aus der Sicherheit der bürgerlichen Existenz, noch war er der wohlhabende Almosengeber und noch hatte er den emotionellen Rückhalt seines gesicherten Daseins. Noch, um im Bild zu bleiben, war die Hochzeit nicht vollzogen. Noch hätte man es als den sozialromantischen Spleen eines idealistisch gesinnten Bürgersohns sehen können. Die Hochzeit kam aber schneller, als er glaubte, und sie kam anders, als er es sich vorstellte. Die Braut trat ihm in der grausigsten Realität gegenüber und erwartete ihren Hochzeitskuss.

Eines Tages, in der Ebene unterhalb der Stadt, begegnete ihm ein Aussätziger. Bisher war ihm dieser Anblick so zuwider, dass er jedes Mal wegschauen musste, und der Gestank war so grauenhaft, dass er immer die Nase zuhielt. Diese Szene, um ein wenig innezuhalten, war nicht der letzte, aber der alles entscheidende Ruck, nach dem es für Franz kein Zurück mehr gab, ein Ruck, der ihn innerlich verwandelte. Appetitlichere und frömmere Szenen wurden später zum eigentlichen Ereignis erklärt, und doch war es dieser Hochzeitskuss, der das Tor zu seinem eigenen Weg öffnete, ein Tor, das sich hinter ihm sogleich wieder schloss.

Der Aussätzige streckte ihm die Hand entgegen. Franz gab ihm ein Almosen und küsste ihm die Hand. Das verstellte Gesicht blickte ihn an und hob die Hände zum Friedenskuss. Es wäre die letzte Gelegenheit gewesen, zu kneifen und umzukehren. Gründe dafür hätte es genug gegeben. Franz umarmte den Aussätzigen, aus dessen Geschwüren Eiter floss, und küsste ihn. Und damit schloss sich das Tor hinter ihm. Er setzte sich zwar wieder auf sein Pferd und ritt davon, aber nicht mehr wirklich zurück.

Nun war er verheiratet, um sein Bild nochmals aufzugreifen. Spötter könnten sagen: Das muss aber eine tolle Hochzeitsnacht gewesen sein! Sie war es, wenn auch in einem ganz anderen Sinn. Noch in seinem Testament schrieb Franz über diese Szene: Was mir bitter vorkam, wurde mir in Süßigkeit der Seele und des Leibes verwandelt. Nach dieser Begebenheit war nichts mehr, wie es vorher war, und auch er war nicht mehr derselbe. Er verließ den Ort wider alle Erwartungen in einer ungeahnten Fröhlichkeit. Es war nicht der Stolz über die soziale Heldentat eines besonders christlichen Ritters. Die bisherigen Bilder versagen an dieser Stelle. In ihm selbst hatte sich etwas verändert, das für ihn körperlich spürbar war, nicht der Stolz in der Brust, sondern vielmehr ungeahnte Schmetterlinge im Bauch. Eine Wärme und Kraft kam aus dieser Umarmung, die er noch schwer einordnen konnte, ein Glücksgefühl, das ihn und seine Welt unumkehrbar veränderte. Er war fröhlich.

Franz: Später habe ich sogar einmal mit einem Aussätzigen, der aus seinen Geschwüren tropfte, aus derselben Schüssel gegessen. Aber um genau diese unappetitlichen und widerlichen Bilder geht es gar nicht. Das Verrückte war das Danach. Ich war happy wie noch nie und vor allem in einer Form, wie ich es nicht kannte. Dabei hatte ich das Gefühl, dass es gar nicht mein Verdienst war, gar keine besondere Leistung. Was ich danach erlebte, hätte ich nie mehr hergegeben. Ich habe es damals treffend formuliert und kann es heute noch nicht besser: Was mir bitter vorkam, wurde mir süß. So war es ganz einfach, grandios und unerklärlich gleichzeitig. Ich war in einer Weise glücklich, fröhlich und leicht, wie ich es mir vorher nie vorstellen hätte können. Mehr kann ich euch darüber nicht sagen.

Mehr kann ich euch über das Davor sagen. Mir grauste vor diesen Aussätzigen, unbeschreiblich. Es zog mir jedes Mal die Kehle und den Magen zusammen und ich hätte kotzen können. Sie taten mir natürlich Leid, zumal sie aus der Stadt verbannt wurden – Gott sei Dank, hätte ich damals gesagt und dabei natürlich ein schlechtes Gewissen gehabt, wie es sich gehört. Das kennt ihr ja. Ich konnte jedenfalls nicht anders, als ihnen ständig aus dem Weg zu gehen.

Aber wahrscheinlich geht es weniger um die Aussätzigen selbst. Sie sind nur das konkrete Beispiel in meinem Fall. Ihr habt doch alle eure ‚Aussätzigen', vermutlich weniger grausig als damals bei mir, Dinge, denen ihr ständig aus dem Weg geht, um die ihr immer eine Kurve macht. Das Interessante ist, dass diese ‚Aussätzigen' deshalb nicht verschwinden. Sie tauchen nach der nächsten Kurve wieder auf und ihr braucht unsäglich viel Energie, ihnen ständig aus dem Weg zu gehen. Das können Realitäten, Menschen, Beziehungen, Gefühle oder alles Mögliche sein. Sie bestimmen euer Leben, ohne dass ihr es wollt oder zugebt. Es kostet euch die ganze Energie, ihnen aus dem Weg zu gehen. Und wenn ihr sie unter den Teppich kehrt, bleiben sie nicht dort oder zumindest stolpert ihr jedes Mal darüber. Vielleicht ahnt ihr, wovon ich spreche.

Die Lösung ist einfach, da habe ich heute leicht reden. Lösungen schauen nachträglich oder von außen meistens leicht aus. Ihr könnt vor euren ‚Aussätzigen' so lange davonrennen, wie ihr wollt. Sie werden euch immer einholen. Ihr könnt kämpfen, verdrängen, ignorieren, unterdrücken, wie ihr wollt, und es nützt euch nichts. Ihr müsst euch den Dingen stellen. Es gibt im Leben manchmal kein daran vorbei oder oben drüber, sondern nur ein durch die Dinge hindurch. Ihr müsst eure ‚Aussätzigen' umarmen. Das ist das Einzige, was hilft.

Im Bauch des Walfisches

Es war ein Kuss ohne Rückfahrkarte. Der Weg lag vor ihm, das Tor hinter ihm war bereits wieder verschlossen. Ein Zurück in die bürgerliche Existenz des Kaufmannssohns war nicht mehr möglich. Er war verheiratet, vergeben an die Braut Armut. Selbstbewusst wie er war, hatte er zwar die tiefste Überzeugung, dass er etwas Gewaltiges vollbringen werde, aber noch keine Ahnung, worin es bestehen würde. Der Weg lag vor ihm, aber viel mehr als eine vage Richtung hatte er nicht. Da gab es mehr Nebel als Klarheit, mehr Ratlosigkeit als Wegweiser. So ähnlich muss er auch den Menschen in Assisi vorgekommen sein. Im Grunde hätte er gerne erzählt, wollte sich aber zurückhalten, konnte es doch nicht ganz und gab eigentlich nur Rätsel auf. Schließlich musste er auch noch erklären, warum er nicht in Apulien war. Nicht wenige werden den Kopf geschüttelt haben über diesen Narren. Wahrscheinlich war er in diesen Tagen sich selbst das größte Rätsel.

Seit der Umarmung des Aussätzigen trieb er sich immer häufiger außerhalb der Stadtmauern herum, und wir finden ihn in der nächsten Zeit viel in jenen kleinen, fast verfallenen Kapellen unterhalb der Stadt zur Ebene hin. Damals waren es ruhige Fluchtorte, entfernt vom Trubel der Stadt, in der ihn alle kannten und nicht wenige immer wieder anredeten. So trat er eines Tages in das heruntergekommene Kirchlein von San Damiano, das zwar noch von einem verarmten Priester betreut wurde, sonst aber wenig Zulauf kannte. Es war ein einfacher, länglicher Bau, schwarz verrußt, das Dach nicht mehr dicht und das Mauerwerk verwahrlost. Über dem Altar hing ein schlichtes, romanisches Tafelkreuz, das in dieser Kapelle wohl der einzige Lichtpunkt war.

Irgendwie kam Franz an dem Kirchlein nicht vorbei. Fröhlich und ratlos gleichzeitig, war er immer noch auf der Suche nach einem Wegweiser, nach einem klaren Auftrag. Er wollte schlichtweg wissen, was er zu tun hatte. In solchen Situationen gibt es vermutlich keine Zufälle. Franz betrat die Kapelle, begann vor dem Kreuzbild zu beten und bekam seinen Auftrag: Siehst du nicht, wie mein Haus in Verfall gerät? Geh also und richte es mir wieder her. Franz war kein Philosoph, der lange über einen solchen Auftrag grübelt, sondern vielmehr hatte er jetzt endlich etwas zu tun, und damit nahmen die Dinge ihren Lauf.

Noch etwas änderte sich in der Zeit, die er vor dem Kreuzbild verharrte. Bislang hielt er sich an das Bild des Ritters und seiner Braut, das in der Umarmung des Aussätzigen eine Umdeutung erfahren hatte. Woher aber sollte der Ritter seinen Auftrag haben und wessen Ritter sollte er sein? Wo war seine Tafelrunde?, möchte man sagen. Auch wenn er sich innerlich mit wehenden Fahnen zum Ritter der Armut erklärte, reichte das Bild nicht aus für die Kraft, die er dafür brauchte. Das neue Bild stand jetzt aber sichtbar vor ihm: das Bild des gekreuzigten Christus. Es ist das Bild des Gottessohnes, der sich auf die Seite aller Gekreuzigten und Geknechteten stellte und dafür die Leiden selbst erdulden musste. Mit dem Bild des Gekreuzigten identifizierte sich Franz in einer Weise, die für uns nur schwer nachvollziehbar ist – bis hin zu den Wundmalen auf La Verna.

Dieses neue Bild ver-rückte ihn gänzlich und er kannte dabei keine Grenzen. Franz war ein Mensch, für den es nur ein Entweder-Oder gab. Darin war er radikal in einer Weise, die fast erschreckt. Wenn Christus leidet, muss auch er leiden. Rücksichtslos kasteite er seinen eigenen Körper und schonte sich in keiner Weise. Wenn er später auch seine Brüder vor allzu strengem Fasten warnte, so galt das nie für ihn. Hart und kompromisslos, wie er es nie von jemand anders verlangte, war er gegenüber sich selbst. So sehr ihm die ganze Natur Bruder und Schwester war, war ihm sein eigener Körper nur der Bruder Esel, der geschunden werden musste. Noch auf dem Totenbett musste Franz bekennen, dass er viel gegen Bruder Esel gesündigt habe.

Doch zurück zum Lauf der Dinge, der von der Begegnung mit dem Kreuzbild in San Damiano zum unvermeidlichen und endgültigen Bruch mit dem Vater führte. Nach dem Auftrag, die Kirche wiederherzustellen, eilte Franz heim ins väterliche Geschäft und raffte einige der wertvollsten Stoffe zusammen, um sie zu verkaufen – ohne Geld keine Renovierung. Vorsichtshalber ritt er dazu erst in die südliche Nachbarstadt Foligno, verkaufte dort Stoffe samt Ross und kehrte mit einem stattlichen Geldbeutel zurück nach San Damiano. Das Geld bot er dem dortigen Priester zur Wiederherstellung der Kirche an, doch diesem war die Sache nicht geheuer. Vermutlich kannte er diesen Anführer nächtlicher Gesellschaften und misstraute, vielleicht sogar aus gesundem Instinkt, einer so plötzlichen Bekehrung. Er glaubte, der Vogel halte ihn zum Narren, doch Franz muss hartnäckig geblieben sein. Wenn er von etwas überzeugt war, ließ er nicht mehr locker. Jedenfalls erreichte er, dass ihn der Priester fortan bei ihm wohnen ließ. Das Geld allerdings warf der Priester aus Furcht vor den Eltern – sicher kannte er den alten Bernardone – in eine Fensternische und verachtete es wie Staub.

Es war nicht in erster Linie der Verlust des Geldes, was Vater Bernardone im Herzen schmerzvoll traf. Unruhig und verstört irrte er umher. Wie ein eifriger Kundschafter klapperte er alle Bekannten ab, um zu erfahren, was mit seinem Sohn geschehen sei. Was er zu hören bekam, verwirrte ihn völlig. Das konnte der gestandene Geschäftsmann nicht mehr nachvollziehen. Das brachte der stolze Vater, der sich schon über seinen Nachfolger im Tuchhandel freute, nicht mehr auf die Reihe. Der mächtige Pietro di Bernardone fühlte sich hilflos und begann zu rotieren. Er rief seine Freunde und Nachbarn zusammen und sie eilten hinunter nach San Damiano.

Der neugeborene Ritter Christi war aber noch etwas feucht hinter den Ohren. Als er den verwandtschaftlichen Tross nahen sah, nahm er Reißaus und versteckte sich in einer der zahlreichen Höhlen am Fuße des Monte Subasio, dem Hausberg Assisis. Noch hatte er nicht die Kraft und die Klarheit, seinem Vater gegenüberzutreten, sondern versteckte sich einen Monat lang in dieser Höhle, wo ihn ein Vertrauter aus dem Vaterhaus hin und wieder heimlich mit Speisen versorgte. Sein eigentlicher Ritterschlag, seine Initiation erfolgte nicht mit Glanz und Glorie, nicht im öffentlichen Rampenlicht, sondern im Dunkel dieser Höhle, im Bauch des Walfisches, auf der noch finsteren und unsicheren Schwelle zu einem neuen Leben.

Noch war Franz unsicher, noch hatte er Angst vor seinem eigenen Mut, noch traute er nicht seiner Kraft und Ausdauer. Es quälte ihn die Frage, ob er auch durchstehen könne, was sein frommer Wunsch war. Franz litt in diesen Tagen in seiner Höhle. Er zweifelte und betete, fastete und weinte. Es war ein wichtiger und dennoch schmerzhafter Prozess der Klärung, voll mit Unsicherheiten. Er war nicht sicher, wie viel an seiner plötzlichen Wendung nur Spleen war, falsche Eitelkeit oder ein spontanes Lohfeuer, ob es nicht nur der Überdruss des wohlhabenden Bürgersohns war oder eine momentane religiöse Euphorie. Dem Ritter fehlte die letzte Sicherheit, dass er im Auftrag seines Herrn handelte. Der entscheidende Ritterschlag erfolgte aber nicht einfach von oben oder in einem Schlag. Er erfolgte dadurch, dass er diese dunklen Tage durchstand, dass er alle Zweifel zweifelte und alle Ängste durchlebte.

Franz: Was ich in dieser Dunkelheit durchmachte, lässt sich schwer beschreiben. Vieles in diesen Jahren war entscheidend für mein weiteres Leben. Diese Wochen in der Höhle aber, so unspektakulär nach außen und wenig ehrenhaft sie eigentlich waren, so wichtig waren sie tatsächlich. Es war ein innerliches Zittern, Krampfen, Weinen und Beben, das ich nicht wirklich wiedergeben kann. In dieser Höhle bin ich durch alle Höllen gegangen. So vieles wollte sein Recht, drang auf mich ein, kämpfte und wühlte in mir. Zeitweise war es wie ein Bildersturm: erfolgreicher Kaufmann, Karrieremensch, zärtlicher Liebhaber, Familienmensch, Manager der Siechenheime, Star der Armen, Antiheld. Und doch nutzten sich diese Bilder im Laufe der Nächte ab. Immer mehr entstand eine unheimliche Leere. Ursprünglich waren es die triumphalen Träume von Spoleto, die mich bewegten, aber auch die verloren ihre Kraft. Alles Triumphale war plötzlich weg. Es war kühl, feucht und hart in dieser Höhle und manche Tage fastete ich ganz bewusst. Zuerst glaubte ich, dadurch etwas erzwingen zu können, den Helden oder sonst etwas. Die selbst fabrizierten Sachen trugen aber nicht mehr. Das wurde mir von Tag zu Tag schmerzhaft klarer. Ich betete mehr aus Verzweiflung als aus Frömmigkeit. Und ich hatte Zeit, schrecklich viel Zeit, die mir immer banger wurde.

In dieser Zeit lernte ich Gott zu fürchten, wie es in der Bibel heißt. Es wurde mir klar, dass das nicht heißt, vor Gott Angst zu haben. Angst hatte ich höchstens vor dem, was in mir vorging. Vielmehr geht es um die Achtung und den Respekt vor dem noch Größeren. Das heißt auch, dass ich nicht alles überblicken kann, dass ich selber nicht allmächtig bin und niemals alles im Griff haben kann, dass es eine Verschwendung des Lebens ist, alles kontrollieren zu wollen, dass ich vielleicht gar nicht so wichtig bin, wie ich meine, dass sich das Leben nicht um mich dreht, sondern dass ich Teil von etwas bin, das viel größer ist als ich.

In diesen Tagen wurde mir klar, dass Gottesfurcht heißt, dass ich vor ihm verstummen, auf ihn hören, zu ihm beten kann, und ich wurde viel ruhiger. Es lehrte mich, das Wesentliche vom Unwichtigen zu unterscheiden, und verschaffte mir eine große Klarheit. Die Gebete lohnten sich plötzlich, wenn ich es so sagen darf. Jedes Mal blickte ich mit zunehmender Kraft und Deutlichkeit auf. Auf einmal war es klar in mir: Ich wollte mich von einem noch größeren Vater lieben lassen, der es mit mir gut meinte. Ich wollte mich von einem noch größeren Vater in Anspruch nehmen lassen, und der hatte mit mir etwas vor. Von da an war es, als ob er in mir am Werk wäre.

Männer tun sich schwer mit dem Vertrauen in etwas, das über ihre eigene Kraft hinausgeht. Damit machen sie sich selbst kaputt, weil sie glauben, nur auf sie allein käme es an. Aber wie soll ich euch das Gegenteil erklären? Vielleicht ist es wie beim Fußballspiel: Ihr tut und versucht es. Kein Champion oder Heiliger ist vom Himmel gefallen. Das seht ihr an meinem Beispiel. Das Tun ist das Wesentliche. Das Herumdiskutieren führt euch zu nichts. Einmal müsst ihr damit beginnen.

Um aber zu meiner Höhle zurückzukommen: Das Training kann nicht immer nur Spaß machen. Da gibt es für uns Männer eine Form der Initiation, die kann und darf auch wehtun. Du bist aufgeblasen und von dir überzeugt – ich spreche aus eigener Erfahrung – und du verzweifelst, weil die Welt nicht nach deinem Kopf funktioniert. Das ist der Punkt. Da musst du Demut lernen, denn es geht nicht um dich. Etwas Größeres ist am Werk und du wirst selbst nur Großes vollbringen, wenn du zum Werkzeug wirst. Der Ritter, wenn ich mein Bild nochmals bringen darf, wird erst groß, wenn er für etwas kämpft, das über ihn selbst hinausgeht. Jeder wahre Ritter handelt in einem Auftrag, der nicht nur aus ihm heraus kommt. Sonst rackert er sich kaputt und erreicht nichts.

Wie kommst du nun dazu? Dieser Prozess hat wenig Heldenhaftes, sondern bereitet eher Schmerzen. Du musst dich zurückziehen – wie ich in der Höhle – und dich stellen, deinen Zielen und Visionen, deinen Fehlern und deiner Schuld, deiner Unzulänglichkeit und deinen Grenzen. Das kann, je nach Lebenssituation, eine schmerzhafte Phase sein und es kann auch seine Zeit dauern. Aber wenn du dich dem ausgeliefert hast, wirst du eine neue Leichtigkeit erfahren und wirst sehen, dass du einen Auftrag hast, der grandios ist und von einem Größeren kommt. Es wird dein Auftrag sein, dort wo du stehst, lebst und gebraucht wirst. Das wirst aber nicht du allein entscheiden.

Nicht mehr Vater Pietro di Bernardone

Eines Tages also trat Franz, wie seine Gefährten später berichteten, von unsagbarer Freude erfüllt und mit wunderbarer Klarheit erleuchtet vor die Höhle und zurück ins Leben. Nun war er reif für das, was vor ihm stand, geläutert und gerüstet für das, was ihn erwartete. Völlig in Feuer geraten, wie die Gefährten erzählten, schlug er unverdrossen den Weg nach Assisi ein. Nun war er auch bereit und fähig, seinem Vater gegenüberzutreten.

Klapperdürr, ausgezehrt und der körperlichen Erschöpfung nahe betrat der Ritter Christi seine Heimatstadt. Es werden ihn gar nicht alle auf Anhieb erkannt haben, und jene, die es taten, waren entsetzt über diesen Anblick. Sie machten ihm harte Vorwürfe, erklärten ihn für gänzlich verrückt oder wahnsinnig und einige bewarfen ihn mit Dreck und Steinen. Wo kommt man denn hin, wenn einer einfach nicht mehr mitspielt? Allein der Anblick muss sie tief getroffen haben. Der Einzige, den das alles nicht mehr berührte, war Franz selbst.

Die entscheidende Begegnung stand allerdings noch aus und es dauerte nicht lange, bis die Kunde zu seinem Vater vordrang. Das Gerücht über diese Geschichte ging wie ein Lauffeuer durch die Straßen und Gassen Assisis. Es war nicht so, dass Pietro di Bernardone nur darauf gewartet hätte, bis sein Sohn wieder auftauchte. In Rage geriet er vielmehr, als er hörte, was seinem Sohn von Mitbürgern angetan wurde. Die öffentlichen Demütigungen, die Franz über sich ergehen ließ, brachten ihn endgültig zur Raserei, einer Mischung aus Wut und Verzweiflung, Enttäuschung und tiefer Scham. Der Vater verlor jede Selbstbeherrschung und rastete aus. Grimmig wie ein Wolf blickte er seinem Sohn ins hagere Gesicht. Wortlos packte er ihn, schleppte ihn in sein Haus und sperrte ihn in ein dunkles Loch. Dort bearbeitete er ihn nicht nur mit Worten. Aber dunkle Löcher war Franz inzwischen gewohnt.

Er wollte seinen Sohn nicht verlieren und mit allen Mitteln in seine Welt zurückholen. Dass er ihn einsperrte war keine so ungewöhnliche Maßnahme, denn das Stadtrecht von Assisi sah diese Möglichkeit für besonders verschwenderische Söhne durchaus vor, und schließlich gab es ja immer noch die entwendeten Stoffe, die sein Filius in Foligno verscherbelte. Doch ging es schon lange nicht mehr um Geld. Der Diebstahl war aber das Einzige, was ihm der Vater von Rechts wegen vorhalten konnte. Es war alles, was er gegen ihn wirklich in der Hand hatte. Der verletzte Stolz, die enttäuschten Hoffnungen und die tiefe Scham zählten da nichts.

Die Mutter billigte zwar nicht unbedingt das Vorgehen ihres Mannes, aber auch sie versuchte, ihren Sohn von seinem Vorhaben abzubringen. Es nützte nichts. Umgekehrt gelang es offensichtlich dem Sohn, als der Vater gerade auf einer Geschäftstour war, seine Mutter zu erweichen, sodass sie ihn freiließ und Franz nach San Damiano zurückkehrte.

Nach der Rückkehr des Vaters spitzten sich die Ereignisse endgültig zu. Zu Beginn des Jahres 1205, Franz war also gerade fünfundzwanzig Jahre alt, beschritt Pietro di

Bernardone den einzig möglichen Rechtsweg und zeigte seinen Sohn wegen Diebstahls bei den Konsuln der Stadt an. Sie schickten einen Boten hinunter nach San Damiano, der Franz eine Vorladung überbrachte. Dieser ließ allerdings ausrichten, dass er nicht mehr dem städtischen Gericht unterstehe, sondern allein Diener des höchsten Gottes sei. Die trotzige und selbstbewusste Antwort kam den Konsuln gar nicht ungelegen, denn damit konnten sie die Causa dem Bischof von Assisi übergeben und waren die leidige Familiensache Bernardone los.

Der Vorladung von Bischof Guido folgte Franz, und es kommt zu der bekannten Szene vor dem Bischofspalast. Der Bischof, der Franz schon länger kannte und seine Entwicklung nicht ohne Wohlwollen verfolgte, war bestens informiert. Die Kirche hatte mit dem neu aufkommenden Stand der Kaufleute lange ihre Mühen und auch Bischof Guido sah im Handel und in der Vermehrung des Geldes eher etwas Sündiges. Somit waren für ihn die Fronten von Anfang an klar und Pietro di Bernardone in seinen Augen nur hinter dem Geld her. Er forderte Franz auf, seinem Vater das Geld zurückzugeben, denn dann werde sich seine Wut schon legen. Zudem sei es vermutlich sündhaft erworbenes Geld und dann sei es auch nicht gut, wenn er dieses Geld für den Bau der Kirche ausgebe.

So billig gab es Franz allerdings nicht, denn er wusste, dass es in diesem Moment nicht nur um Geld ging, sondern um alles. Gestärkt durch die Bestätigung des Bischofs – schließlich war es die erste offizielle Anerkennung, seit er sich wieder aus der Höhle gewagt hatte – stellte er sich endgültig seinem Vater und seiner Vergangenheit.

Nicht nur das Geld wolle er ihm zurückgeben, sondern auch die Kleider, alles, was er von seiner Habe besitze.

Franz verschwand in ein Gemach des Bischofs, zog alle Kleider aus und legte das Geld darauf. Vor den Augen des Bischofs, seines Vaters und aller Umherstehenden – die Szene dürfte in der Zwischenzeit einigen Zulauf bekommen haben – trat Franz nackt aus dem Palast und erklärte: Bis jetzt habe ich Pietro di Bernardone meinen Vater genannt. Da ich mir vorgenommen habe, Gott zu dienen, gebe ich ihm das Geld zurück und alle Kleider, die ich von seiner Habe besitze. Von nun an will ich sagen: Vater unser, der du bist im Himmel, und nicht mehr Vater Pietro di Bernardone.

Das hatte gesessen, in jeder Beziehung. Von Schmerz und Groll gepackt nahm der Vater das Geld und die Kleider und – da war der Alte wie der Junge – nicht eine Unterhose ließ er ihm zurück, was manche der Umstehenden sehr empörte. Hier hatte er nichts mehr oder besser alles verloren. Die Habseligkeiten seines Sohnes unter dem Arm, stapfte er stumm und grimmig nach Hause. Einige Protestrufe erreichten ihn noch, ließen ihn allerdings unberührt. Da gab es nichts mehr zu tun. Der Vater hatte die Botschaft sehr wohl verstanden. Einige der Umstehenden waren so erschüttert, dass sie zu weinen begannen. Sie hatten Mitleid mit einem jungen Mann, aber sie sahen nicht den Ritter, der über dieses Mitleid schon längst hinaus war. Bischof Guido, der erkannte, was mit diesem Mann Gottes los war, nahm den nackten jungen Mann in seine Arme und bedeckte ihn mit seinem Mantel.

Nun waren alle Brücken abgebrochen. Franz verließ endgültig die Welt, wie er es später einmal formulierte, die Welt des Materiellen, die Welt seines Vaters, die bürgerliche Welt mit all ihren Sicherheiten, die Welt seines bisherigen Lebens. Dabei hatte er keine klare Vorstellung, wie es weitergehen sollte, sondern kannte nur den Auftrag, das Kirchlein von San Damiano wiederherzustellen. Und dorthin kehrte er vorerst auch zurück.

Franz: Ja, das war nicht ohne, dieser Auftritt, und mein Weg war besiegelt. Ich habe damals gar nicht lange nachgedacht, was oder wie ich es tun soll. Ein Schritt nach dem anderen hat sich konsequent ergeben. Da hatte keiner von uns mehr eine Wahl. Es musste genau so sein. Wir wussten das beide, als wir Auge in Auge einander gegenüberstanden. Dass es ihn trotzdem geschmerzt hat, kann ich verstehen.

Es war aber kein Hass mehr in mir, keine Überheblichkeit, sondern nur Klarheit. Ein anderer, größerer Vater hatte mich adoptiert. Ich war damit nicht vaterlos, vielmehr war es so, dass ich die beiden Väter nicht mehr zusammenbringen konnte und klar wusste, wohin ich gehörte. Ich habe ihm auch nur seine Habe zurückgegeben, alles andere wäre anmaßend. Ich weiß, dass ich von ihm mehr hatte als sein Geld und die Kleider.

Was ich ihm zurückgegeben habe, war die materielle Welt, jenes Leben, von dem ich mich lösen wollte. Insofern war es eine Loslösung. Du kannst aber nur zurückgeben, was du auch bekommen hast. Meinen Weg hätte es vermutlich nicht gegeben, wenn mein Vater nicht seinen Weg gegangen wäre. Viele Männer heute leiden an ihrer Vaterwunde und wenn sie von Männlichkeit reden, haben sie traurige Augen. Vielleicht hilft es, wenn wir beginnen, selber etwas versöhnlicher von unseren Vätern zu denken. Im Grunde gibt es drei Wege der Problemlösung: Du kannst es verändern, verlassen oder lieben. Mit unseren Vaterproblemen ist es nicht anders.

Verändern: Das heißt jetzt nicht, dass ihr den Vater ändern sollt, sondern euer Verhältnis. Viele Söhne würden gerne den Vater ändern, aber das steht uns gar nicht zu. Er war vor uns und wir verdanken ihm unser Leben, ganz egal, wie er war. Ohne ihn gäbe es uns nicht. Es ist unser Recht, Dinge anders oder besser zu machen, aber es ist anmaßend, wenn wir nachträglich unsere Väter verändern wollen. Seine Geschichte ist immer eine andere als meine und meine Geschichte ist nicht seine. Wir können versuchen, unser Verhältnis zu ändern. Manche Söhne nörgeln ständig an ihren Vätern herum, statt dass sie ihnen sagen, was sie von ihnen wünschen, was sie von ihnen bräuchten. Dazu müssen sie aber erst von ihrem hohen Ross herunter, denn mit moralischen Vorhaltungen ist noch kein Verhältnis verbessert worden. Wenn diese Lösung nicht möglich ist, gibt es ja noch zwei andere Möglichkeiten.

Verlassen: Das war wohl mein Weg. Es kann sein, dass es ohne Trennung nicht mehr geht. Dann darf man sich auch aus dem Weg gehen. Damit diese Trennung aber wirklich eine Lösung ist, müsst ihr euch auch innerlich und in Würde trennen. Das ist dein Leben und das ist mein Leben. So lange ihr den Vater als Sündenbock braucht, als Ausrede oder als schlechtes Beispiel, so lange kommt ihr nicht von ihm los. Ihr tragt dann das Problem ständig in euch herum. Lösen heißt auch loslassen, ihn sein lassen, ihn in Ruhe zu lassen. Sonst hilft dieser Weg nichts. Als ich meinem Vater die Klamotten zurückgab, war ich innerlich fast schon mit ihm versöhnt. Ich habe nie zu jemand gesagt: Werde ja nicht wie mein Vater. Der beste Weg, zu werden wie der eigene Vater, ist nicht selten der krampfhafte Versuch, um alles in der Welt anders zu werden als der eigene Vater.

Lieben: Dieser Weg anerkennt und würdigt den Vater zuerst so, wie er ist. Dazu muss ich nicht zurück in die Rolle des kleinen Buben, der den Papa anhimmelt und verklärt. Das geht nicht mehr und ich würde mich selber verleugnen. Diese Lösung ist dann schwer, wenn es Verletzungen und Wunden gegeben hat. Ich möchte euch einen Weg andeuten, der manchmal Versöhnliches schafft. Denkt euch in die Geschichte eures Vaters und in seine Geschichte mit seinem Vater. Hat er das bekommen, was ihr von ihm erwartet? Hatte er einen Vater, der ihm gegeben hat, was er dann weitergeben hätte können? Hat ihm jemand vorgelebt, wie er mit seinen Kindern tun soll? Der ernsthafte Versuch, einen Menschen zu verstehen, kann der erste Schritt sein, ihn zu lieben.

Das alles gilt übrigens, auch wenn euer Vater bereits gestorben ist. Es kann möglicherweise wichtig sein, auch nachträglich etwas zu klären, vielleicht sogar auf dem Friedhof. Und noch etwas, es tut einfach gut, wenn ihr beten könnt: Vater unser im Himmel. Das möchte ich aus meiner Erfahrung nur so dazugesagt haben.

Das klingt jetzt alles sehr dramatisch und für manche Männer ist es auch so. Daneben gibt es aber viele Männer, die ein gutes Verhältnis zu ihrem Vater hatten, viel von ihm nehmen konnten und sich freuen, wenn sie von ihrem Vater reden. Sie spüren, dass das viel mit ihrer Männlichkeit zu tun hat, die nicht von der Mutter auf den Sohn übergehen kann. Mein Abgang damals war ein männlicher. Ich bin nicht zu Mama geflüchtet, sondern bin zu anderen Männern gegangen und letztlich entstand, was ich damals noch nicht ahnte, eine große Gemeinschaft von Männern.

Ihr könnt meine Szene vor dem Bischofspalast aber auch viel schlichter sehen. Im Evangelium ist die Rede davon, dass wir Vater und Mutter verlassen müssen. Das gilt nicht nur für Ordensleute wie mich, sondern für jeden von euch, wenn er sich eine Frau nimmt. Auch dann müsst ihr Vater und Mutter verlassen, damit ihr mit eurer Frau etwas Neues beginnen könnt. Es muss ein neuer Weg und eure eigene Form sein. Dazu ist es nötig, dass ihr Brücken und Sicherheiten aufgebt, die ihr gemeinsam mit eurer Frau neu baut. Ich verstehe nicht viel von Frauen und Ehe, aber vermutlich liegen die Dinge nicht so weit auseinander. Damit Neues entsteht, muss Altes verlassen werden. Alles kann man nicht haben. Etwas Mut gehört zum Leben. Ich wusste damals auch nicht, wie es letztlich weitergehen wird. Aber ich habe getan, was nötig war und anstand.

Gehen statt warten

Franz stand nackt vor den Toren der Stadt und kalt war es um diese Jahreszeit auch noch. Nicht nur sein Körper brauchte Schutz, sondern auch seine Existenz. Was war er denn nun? Er stand in jeder Beziehung nackt da. Religiöse Eiferer und Sektierer gab es damals zur Genüge und deren Dasein war nicht ungefährlich. War er jetzt ein Rechtloser, ein Outlaw, ein vogelfreier Spinner, den jeder behandeln konnte, wie ihm gerade zu Mute war? Er brauchte auch ein soziales Gewand. Die Kirche kannte damals den Stand der Büßer und Franz fand die Kutte eines Einsiedlers, die er anzog. Mit einem Stab in der Hand, Sandalen an den Füßen und mit einem Riemen gegürtet, kehrte er nach San Damiano zurück. Beim letzten Mal war er geflüchtet. Der dortige Priester wird gemerkt haben, dass mit dem jungen Mann etwas geschehen war. Er versorgte ihn mit Nahrung, schon weil sich die Kirche für solche Büßer zuständig sah. Ganz geheuer wird es ihm noch nicht gewesen sein.

Am Auftrag des Kreuzbildes in San Damiano hatte sich nichts geändert und das Wasser tropfte immer noch von der Decke des Kirchleins. Nun wurde es also ernst und

Franz machte sich an die Wiederherstellung der Kapelle. Er war kein gelernter Maurer und das Kirchlein kein architektonisches Meisterwerk. Irgendwie würde das gehen, dachten wohl beide. Jedenfalls hatte es mit harter Arbeit zu tun, die der verwöhnte junge Mann aus Assisi verrichten musste. Er schleppte, rackerte, manchmal völlig planlos und plagte sich auf vielfältige Art. Die ersten Nächte schlief er den Schlaf der Erschöpften. Der Priester war angetan von seinem Eifer, verwundert über den Einsatz, und obwohl er selber arm war, schaute er, dass der Knabe wenigstens eine regelmäßige Zusatzration bekam. Schließlich wusste er ja, wie üppig Franz bisher gelebt hatte.

Irgendwann gingen aber die Steine aus und die konnte auch er nicht herbeibeten. Franz machte sich auf nach oben in seine Heimatstadt. Wie es gehen würde, wusste er selber nicht so genau, aber es war notwendig. Zu Recht und Unrecht gleichzeitig hielten ihn viele für einen Narren, als er in die Stadt trat und begann, wie trunken Loblieder auf den Herrn zu singen. Irgendwann kam er zu sich und erfand die Lotterie Steine für den Himmel: Wer mir einen Stein gibt, wird einfachen Lohn erhalten, wer mir zwei gibt, zweifachen usw. In solchen Sachen war er ungebildet und einfältig. Franz war kein studierter Theologe, gelernter Prediger oder ausgebildeter Fachmann für Non-Profit-Marketing. Aber er brauchte Steine für das Kirchlein in San Damiano.

Franz sprach im Feuer des Geistes. Nicht kluge Worte oder ausgetüftelte Argumente waren es, mit denen er die Menschen bewegte. Wenn es einen ungewollten Antiintellektuellen gibt, der mehr zu Stande brachte als alle anderen, war es Franz. An diesem Tag verlachten den Spinner nicht wenige und hielten ihn für gänzlich übergeschnappt.

Andere aber waren von Mitgefühl bewegt, Einzelne sogar zu Tränen gerührt. Sie alle kannten ihn ja von früher und wussten, wie anders er war. Nun stand er vor ihnen in den armseligen Büßerklamotten, singend und von Steinen redend. Es war eine eigenartige Erscheinung. Jedenfalls dauerte es nicht lange und er musste die Steine nicht einmal mehr selber hinunterschleppen. Täglich trafen Menschen mit Steinen in San Damiano ein und Einzelne hievten die Dinger sogar an den rechten Ort.

Zweifellos war es ein Erfolgserlebnis, während sich der Priester um Zusatzkost für den eifrigen Mann umsah. Wer arbeitet, soll auch essen, heißt es ja schon in der Bibel. Der Priester fühlte sich für den jungen Büßer verantwortlich, und der war vorerst damit beschäftigt, seinen Auftrag zu erfüllen, und an den Abenden schlief er sogleich ein. Mitten im Arbeiten kommt man ja auch nicht so zum Denken. Als aber genügend Steine da waren und die meisten schon an ihrem Platz, das Ärgste ausgebessert, das Dach wieder dicht und das Kreuzbild gesichert, fand der Tatmensch wieder ruhigere Stunden. Vermutlich fiel ihm da zum ersten Mal seine Zusatzration auf.

Die Sache, so sehr er sie genoss, beschäftigte ihn doch sehr, zumal sein Auftrag sich einem Ende näherte. Schleichend und langsam stellte sich die Frage, wie es danach weitergehen sollte, was sein nächster Auftrag sein würde. Er hatte zwar seine beiden Träume, die Umarmung mit dem Aussätzigen, den Auftrag vor dem Kreuzbild, die Wochen in der Höhle, die Szene mit seinem Vater, und nun war die Kapelle bald fertig. Womit oder wie sollte es weitergehen? War das allein der Weg?, fragte sich der Einsiedler.

Franz: Da muss ich mich melden, denn genau dieser diffuse Punkt ist wichtig. Ich hatte in dem Moment keine Ahnung, wie es weitergehen wird. Euch wird gelehrt, ihr sollt zuerst sehen, dann urteilen und dann handeln. Das klingt verdammt vernünftig und theoretisch gedacht stimmt es auch. Bei mir war es nicht so, das werdet ihr schon gemerkt haben. Wie ist es aber bei euch? Nicht selten so, dass ihr schaut und dann endlos diskutiert. Das ist eine fruchtlose Sauce. Aber es gilt als klug und gescheit. Gerade die Gebildetsten tun manchmal gar nichts und glauben, das Gescheitsein sei genug.

Manchmal redet ihr Männer stundenlang über lauter kluge Sachen, und das, was ihr sagt, ist auch nicht falsch. Aber es hat keine Folgen. Ihr tut oder ändert nichts und dann ist alles andere wertlos. Reden ist kostenlos und darum könnt ihr ewig reden und es tut sich nichts. Wenn euer Reden nur mehr dazu dient, dass ihr euch selbst beweihräuchert, könnt ihr es vergessen. Es ist wertlos und bewegt nichts. Es ist nur eine andere Form der Selbstbefriedigung, eine Flucht und Scheu. Da könnte man das Evangelium abwandeln: An ihrem Gerede werdet ihr sie erkennen.

Zu diesem Zeitpunkt war für mich einiges unwiederbringlich entschieden und sehr viel offen. Nach all den bisherigen Ereignissen habe ich nicht gewusst, wie es tatsächlich weitergehen wird. Aber ich habe etwas getan. Ihr könnt das für dumm und unüberlegt halten, aber es ist daraus etwas gewachsen, Schritt für Schritt. Das endlose Reden ist daneben im wahrsten Sinn des Wortes impotent. So viel Latein habe ich noch gelernt: Es vermag nichts. Wie viele von euch Männern reden so gescheit, aber wenn es ums Eingemachte geht, macht ihr es in die Hosen. So haben wir es doch nicht gemeint – so kann man es doch nicht verstehen – so geht es doch nicht – das kann man doch nicht verlangen, klingt dann die Leier der

Entschuldigungen. Wer seinen Mann nur in schönen Worten stellt, vermag nichts.

Das Leben ist ein Wagnis und wird es immer sein. Aber wir können nicht nur verharren und warten. Wir müssen etwas tun. Wir müssen unser Leben gestalten, Entscheidungen treffen, Werte setzen und verfolgen, handeln. Ihr könnt das Leben nicht zuerst zu Ende denken, bevor ihr etwas macht. Einmal trat so ein Mann am Ende seines Lebens vor seinen Herrn und dieser fragte ihn, was er in seinem Leben gemacht habe. Er antwortete: Ich habe die ganze Zeit nachgedacht, was ich tun soll. Da antwortete der Herr: Das werde ich wohl nun auch mit dir machen. Nur habe ich die ganze Ewigkeit Zeit.

Ihr habt so viel Angst. Darum bleibt ihr so lange beim Sehen und Urteilen. Das kann man wirklich bis zur Ewigkeit treiben. Ob es richtig ist, erfahrt ihr oft erst im Tun. Ich weiß, dass das verrückt klingt. Aber erst wenn ihr euch auf den Weg macht, könnt ihr den Weg beurteilen. Ihr dürft von Herzen Fehler machen und euch in Sackgassen verirren. Das ist alles besser, als gar nicht zu gehen, denn aus Sackgassen kommt man wieder heraus, und nur wer denselben Fehler mehr als zwei Mal macht, ist selber schuld. Das Leben ist eine Herausforderung und bleibt es. In den Startblöcken zu verenden, ist die größte Verschwendung des Lebens.

Der väterliche Segen

Es war wie eine Lücke: Das eine fast fertig und das Nächste noch nicht da. Die Zusatzrationen, die ihm der Priester zusteckte, ließen Franz nicht mehr los. Wenn das sein

Weg war, müsste er das ganze Leben einen Priester neben sich haben, der ihn mit Essen versorgte. Franz erinnerte sich an den Aussätzigen. Eigentlich wollte er das Leben der Ärmsten teilen und nun rackerte er sich zwar ab, war jeden Abend ehrlich erschöpft, und doch wurde er von einem wohlmeinenden Priester ernährt und das auch noch mit Zusatzrationen. Das konnte es nicht sein. Bei aller Konsequenz, in der er seinen Weg verfolgte, stand Franz immer wieder vor offenen Entscheidungen, vor Wegkreuzungen, die noch nicht vorgezeichnet waren. Aber er ging.

Es war das Thema der Armut, das ihn nach der Wiederherstellung von San Damiano einholte. Die Zusatzrationen standen im Gegensatz zum Aussätzigen, den er umarmt hatte. Der Ritter Christi erinnerte sich an seine Braut Armut. So sehr er sich in den Mauern von San Damiano abmühte, war es nicht das Leben der Armen, das er sich auserkoren hatte. Und wie lebten die Armen?

Die Antwort war der Auftrag: Geh von Tür zu Tür mit einer Schüssel in der Hand und trag darin alle Speisen zusammen, die man dir gibt. Die Umarmung des Aussätzigen war der Beginn. Was nun folgte, war für Franz nicht weniger grauenhaft, nicht weniger Überwindung. Er beschloss zu betteln und ging mit einem Napf erneut hinauf nach Assisi. Mit dem Bettelversuch damals in Rom hatte das nichts mehr zu tun, zumal er gewillt war, das zu essen, was man ihm hineinwerfen werde. Nun wurde es ernst. Franz stapfte hinauf, zögerlich und mit viel innerer Überwindung wird er das Stadttor durchquert haben. Es ging nicht nur um die unappetitliche Frage, was er heute Abend essen würde. Der neureiche Bürgersohn trat erstmals als Bettler in seine Vaterstadt.

Franz wollte freiwillig arm leben aus Liebe zu dem, der arm geboren, arm gelebt und arm und nackt am Kreuz starb. Das war nun aber keine Eintragung ins Poesiealbum oder ein sozialromantisches Feeling nach einer besonders bewegenden Sonntagspredigt. Was Franz sich vornahm, setzte er augenblicklich um, und was er sagte, meinte er wörtlich. So stand er also mit seinen fünfundzwanzig Jahren in einer grauen Einsiedlerkutte in den Straßen von Assisi, ging, eine Schüssel in der Hand, von Tür zu Tür und bettelte um Speisen. Die Leute, die wussten, wie verwöhnt er bisher lebte, wunderten sich, als sie sahen, mit welcher Selbstverachtung er die verschiedenen Speisen in dieselbe Schale legte.

Der zweite Teil der Übung folgte aber erst noch. Als er das Durcheinander der Speisen essen wollte, grauste es ihn und schnürte ihm die Kehle zu. Früher konnte er so etwas nicht einmal ansehen. Franz begann zu essen, mühsam und mit viel Überwindung. Da wiederholte sich, was er bereits kannte. Es ging ihm wie damals, als er den Aussätzigen umarmte. Kein Bissen blieb ihm stecken, das Würgen legte sich – es funktionierte. Eine dankbare Fröhlichkeit überkam ihn und es schien, als hätte er eine Schüssel voll Leckerbissen vor sich. Wieder einmal geschah eine Wandlung. Wieder wurde ihm süß, was ihm zuvor bitter war.

In diesen Tagen trat der Vater ein letztes Mal auf den Plan. Wie sein geliebter Sohn so in den Straßen stand, hager und ausgemergelt, frierend vor Kälte, der graue Fetzen, der von seinen schmächtigen Schultern hing, in der Hand eine Schüssel mit der Wochenschau der ganzen Stadt ... Er konnte nicht mehr. Scham und Mitleid nahmen die schmerzhaftesten Ausmaße an. Aus dem Weg gehen konnte er ihm auch nicht, denn der tauchte ständig irgendwo auf. Pietro di Bernardone hielt den Anblick nicht mehr aus. Eines Tages verfluchte der Vater seinen Sohn.

Viele, die den jungen Bettler zuerst verlachten, blieben stehen, verstummten und staunten nicht schlecht, als sie sahen, wie er alles geduldig ertrug. Franz aber adoptierte sich einen neuen Vater. Er rief einen einfachen Mann aus dem Volk zu sich und sagte zu ihm: Wenn du siehst, wie mich mein Vater verflucht, werde ich zu dir sagen: Segne mich, Vater!, und du wirst mich segnen an seiner Stelle. Als ihn der Mann segnete, wie er es wünschte, sagte er zu Pietro di Bernardone: Glaubst du nicht, dass Gott mir einen Vater geben kann, der mich gegen deine Flüche segnet?

Franz: Diese Begebenheit war sehr wichtig für mich. Besser wäre es gewesen, mein Vater und ich hätten uns nach der Szene vor dem Bischofspalast längere Zeit nicht mehr gesehen. Meine Auftritte in der Stadt waren für ihn eine ständige Provokation. Ich kann gut verstehen, dass er meinen Anblick nicht mehr ausgehalten hat. Das schmerzte ihn in der innersten Vaterseele. Als mich Leute aus der Stadt verspotteten oder auslachten, konnte ich noch leicht darüber hinweggehen. Als mich aber mein Vater verfluchte, war es nicht mehr so einfach. Das traf auch mich sehr tief. Es war die härteste Szene zwischen uns. Es war wirklich ein Fluch und ich brauchte den Segen.

An diesem Tag reichte es nicht mehr aus zu sagen: Vater unser im Himmel. Ich kam mir innerlich nackt, einsam und fast verloren vor. Beim letzten Mal war es ein Abgang mit Stärke, aber diesmal fühlte ich mich hilflos. Es war, als würde ich innerlich in die Knie gehen. Da fiel mein Blick auf jenen älteren Mann, der mich erstaunt, aber auch mit gütigen Augen anblickte. Da wusste ich, was ich brauchte – nicht Trost, sondern Segen. Seinen Segen brauchte ich.

Ich war überzeugt, dass ich auf dem richtigen Weg war. Nicht Zweifel waren es, die mich in diesem Moment quälten. Aber ich spürte plötzlich keine Kraft mehr. Es war, als würde niemand mehr hinter mir stehen. Da war es eine spontane Eingebung, dass ich mir diesen Ersatzvater nahm und mir seinen Segen holte. Und plötzlich war es wieder da. Ich stand wieder aufrecht, wieder im Saft, wusste wieder, was zu tun war. Es war fast schon überheblich, wie ich es meinem Vater ins Gesicht sagte. Im einen Moment noch war ich am Boden und im nächsten Augenblick strotzte ich vor Kraft.

Holt euch manchmal diesen väterlichen Segen. Wenn ihr den eigenen Vater nicht damit belästigen wollt, dann sucht euch einen anderen älteren Mann. Manchmal brauchen wir nicht nur einen Rat, sondern einen Segen. Du hast vielleicht etwas schon lange durchgedacht und innerlich hast du dich auch schon entschieden. Du weißt, was richtig ist, und darum geht es nicht mehr. Aber du merkst, dass noch etwas fehlt. Die Sache hat noch keine Kraft, aus irgendeinem Grund zögerst du noch. Geh zu einem väterlichen Mann und erzähl ihm, was du vorhast. Wenn er dann zu dir sagt: Mach das!, dann spürst du, was dir noch gefehlt hat. Das kann das Quäntchen sein, das deine Sache gesegnet sein lässt. Was du vorhast, wird so zu einem Auftrag und der Segen verleiht dir zusätzliche Kraft.

Ohne Angst vor dem Fliegen

In diesen Monaten renovierte Franz nicht nur San Damiano, sondern auch die nicht mehr erhaltene Kirche San Pietro della Spina und die Kapelle der Portiunkula. Dem Priester hatte er verboten, ihn weiter mit Zusatzrationen zu versorgen. Durch Betteln und Gelegenheitsarbeiten sorgte er für seinen Lebensunterhalt und die Materialien, die er zur Renovierung der Kirchen benötigte. Irgendwie war er ansteckend in der penetranten Art, in der er einfach nicht nachließ und seine Sache verfolgte. Immer wieder fand er Einwohner der Stadt, die ihn auf seinen Baustellen unterstützten. Dorthin, wo sie früher ihre Feste feierten, kehrte er zurück und bettelte im Französisch der Troubadoure um Öl, damit die Lichter in San Damiano ständig brennen konnten.

Über vier Jahre dauerte bereits dieser Weg, dessen Ziel immer noch nicht klar vor seinen Augen stand. Franz sprang nicht als fertiger Instant-Heiliger aus der Büchse der göttlichen Offenbarung. Seine Umwandlung war vielmehr ein langer, manchmal lichter und manchmal dunkler Weg, ein Prozess, in dem er viele Stadien durchlief, Hochs und Tiefs kannte, manchmal wusste, wohin es gehen sollte, und manchmal völlig ratlos war. Franz machte sich auf, als er noch nicht wusste, wo die Reise hingehen sollte, als er noch keine Ahnung hatte, wie das Ziel aussehen wird. Aber er machte sich auf. Er folgte einem inneren Ruf, der zuerst nur wie eine Stimme im Nebel war, aber er ließ sich rufen. Er versuchte und probierte bis hin zu jener lächerlichen Szene, als er vor der Peterskirche probeweise bettelte. Er war noch lange nicht fertig, als er bereits begann, Verantwortung zu übernehmen für sich, seine Sache und bald schon für seine ersten Mitbrüder.

Vielleicht war es eher Verlegenheit, als er die beiden anderen Kapellen renovierte. Es dürfte ihm schon bewusst gewesen sein, dass er vermutlich nicht als ungelernter Kapellen-Restaurator in die Geschichte eingehen werde. Dass er letztendlich in einem ganz anderen Sinne zur Renovierung der Kirche beitragen wird, stand ihm damals wohl kaum vor Augen. Franz war ein Mann der konkreten Dinge und der letzte Auftrag vor dem Kreuzbild in San Damiano war ein konkreter Auftrag. Manchmal, als er auf dem Mauerwerk herumkletterte, fragte er sich schon, ob das alles war und wie es danach weitergehen sollte – aber nur manchmal, denn er hatte ja zu tun.

Franz war ein Bündel an Energie und innerer Kraft, aber noch war unklar, worin seine Lebensform bestehen würde. In ihm war so viel in Bewegung. Es waren Inhalte und Anliegen da, aber das konkrete Leitbild fehlte noch. Da gab es die Träume, den Restaurator, den Bettler, den Ritter der Armut, das Bild des Gekreuzigten, aber es fehlte der Reim darauf. Es fehlte der Rahmen, der aus all dem hätte ein Bild machen können. Es fehlte der rote Faden, der durch diese Jahre in die Zukunft führte, weiter als von Kapelle zu Kirchlein, von Auftrag zu Auftrag. Es war auch diesmal kaum ein Zufall, als Franz am Beginn des Jahres 1208, er war gerade sechsundzwanzig Jahre alt geworden, wieder einmal San Damiano betrat und dort während der Messe das Evangelium des Tages hörte. Franz brauchte jetzt etwas Konkretes.

Jesu Aussendung der Jünger war ein konkretes Evangelium, und wie konkret: Geht und verkündet: Das Himmelreich ist nahe. Steckt nicht Gold, Silber und Kupfermünzen in euren Gürtel. Nehmt keine Vorratstasche mit auf den Weg, kein zweites Hemd, keine Schuhe, keinen Wanderstab; denn wer arbeitet, hat ein Recht auf seinen Unterhalt. Wenn ihr in ein Haus kommt, so sagt als Erstes, Friede diesem Haus! Wenn man euch aufnimmt, bleibt in diesem Haus und esst und trinkt, was man euch anbietet.

So einfach war das? Oder hatte er es falsch verstanden? Nach der Messe wandte sich Franz an den Priester, um ihn zu befragen. Stand das so drin und war das so zu verstehen? Es stand so drin und war so zu verstehen. Franz war ein praktischer Mensch. Ihn verlangte es nicht nach philosophischen Andeutungen, sondern nach klaren Anweisungen, nach einem handfesten Auftrag. Diese Stelle war so eindeutig und konkret, wie er es brauchte. Es schien, als hätten die beiden nur aufeinander gewartet. Das war es, was er wollte! Eine unsagbare Freude erfüllte ihn, als er es aussprach. Der Priester las ihm das Evangelium nochmals vor und in kürzester Zeit kannte er die Verse auswendig. Er prägte sie sich ein für den Rest seines Lebens.

Nun hatte er, wonach er lange suchte, einen klaren Auftrag, der nicht nur von Baustelle zu Baustelle reichte. Sein mehrjähriges Streben und Suchen fand an diesem Tag und in diesem Evangelium sein endgültiges Leitbild – und ein selbstbewusstes noch dazu. Es war nichts Geringeres als der Auftrag Christi an seine Jünger, worin Franz den Auftrag seines Lebens fand. In der Aussendung der Jünger erkannte er seine eigene. Auftraggeber war in beiden Fällen derselbe. Darauf legte Franz zeit seines Lebens größten Wert. Sein Auftrag kam nicht von der Kirche, von einem Priester oder sonst wem. Sein Auftrag, und das wiederholte er noch in seinem Testament, kam vom Herrn. Bei aller Treue zur Kirche gab es für ihn nie eine Diskussion darüber, dass er einen direkten Auftraggeber hatte.

Es waren ordentliche Fußstapfen, in die er sich stellte; an Selbstbewusstsein mangelte es ihm nie. Er trat in die Fußstapfen der Apostel, um sie uns in Erinnerung zu bringen. Er trat in diese Fußstapfen, um uns in Erinnerung zu rufen, dass Christus für seine Nachfolge nicht nur die bequemen Hausschuhe bereithält, dass christlicher Glaube seine Kraft verliert, wenn er zum Hausschmuck bürgerlichen Wohlstands verkommt, dass es immer schon etwas radikaler gedacht war. Das wieder zu verdeutlichen, gab es wohl keinen Geeigneteren als ihn. Er fackelte auch nicht lange, sondern setzte seinen Auftrag augenblicklich und eins zu eins um. Darin kannte er kein Deuten und Interpretieren.

Ohne Zögern legte er alles ab, was er doppelt hatte, verzichtete auf Schuhe, Wanderstab und Beutel, legte die Einsiedlerkutte ab und nahm sich stattdessen ein grobes, unansehnliches Gewand. Um schon gar nicht in Versuchung zu kommen, sich etwas einzustecken, warf er auch den Gürtel weg und band sein Gewand mit einem Strick fest. Jeden Besitz vermied er fortan und Geldmünzen verachtete er wie die Pest. Mehr als einmal trat er Münzen in den Dreck und erklärte, dass man nur so mit dieser Versuchung des Teufels umgehen könne. Nun war er endgültig frei.

Franz: Ich fühlte mich auch frei, frei wie ein Vogel, der fliegen konnte, weil ihn keine falschen Lasten mehr schwer machten, frei und leicht. Ihr werdet mich nun gänzlich für verrückt halten, aber es war so und es ist so. So geht es den Vögeln des

Himmels und den Lilien auf dem Felde. Es war ein unerhörtes Gefühl und doch fühlte ich mich gleichzeitig fest auf dem Boden. Es war eine Realität.

Der hat leicht reden, höre ich euch sagen. Und ganz Unrecht habt ihr nicht. Ich hatte bis dahin keine Verantwortung für andere Menschen. Trotzdem, wenn ihr nicht fliegen könnt, liegt es auch an euch. Ihr hängt an so vielem, das euch unfrei macht und trotzdem nicht notwendig wäre. Wie viele von euch sind nicht zufrieden mit dem, was ihr habt? Immer mehr und mehr muss es sein, immer besser, schneller, toller, und was der andere hat, das braucht ihr mindestens noch größer. Rechnet einmal nur die Zeit, die viele Männer sich für Statussymbole abrackern. Mit dem, was ihr rafft, wachsen eure Sorgen, und was euch das Leben leicht machen sollte, macht es euch eigentlich nur schwerer. Dabei werdet ihr innerlich müde und alt, flügellahm. Das Leben zieht an euch vorbei und ihr merkt es nicht einmal.

Ich habe nie erwartet, dass alle Menschen so leben wie ich. Meinen Brüdern habe ich später sogar verboten, über andere schlecht zu reden, die nicht so lebten wie wir. Die Frage ist vielmehr, ob ihr das Leben noch spürt, ob ihr auch glücklich seid, ob ihr, manchmal zumindest, noch fliegen könnt.

Die Nacht mit dem Bruder

Nun folgte der zweite Teil seines Auftrags, der Lebensform, die er gefunden hatte. Im neuen Outfit und von einer unbeschreiblichen Kraft erfüllt ging er wieder hinauf in die Stadt und begann zu predigen. Einfältig und ungebildet, ‚idiota' hieß das im damaligen Latein, nannte er sich selber und stand nun am Marktplatz von Assisi und predigte Buße und Umkehr. Es wird theologisch nicht besonders originell gewesen sein, was er den Menschen predigte, und aus vielen Bibelstellen bestanden haben, die er sich leicht auswendig merkte. Aber die Leute blieben stehen und brachten den Mund nicht mehr zu. Da war einer, der tat, was er predigte, einer, der bei sich selbst ansetzte, statt immer bei den anderen. Es waren weniger die Worte, die die Zuhörer im Innersten trafen, als vielmehr die gesamte Erscheinung. Er selber war die Predigt, die überzeugte. Wenn der kleine, barfüßige Mann mit seinen milden und doch feurigen Augen vom Frieden predigte, geschah es nicht selten, dass sich alte Streithähne plötzlich in den Armen lagen.

Für die Menschen in Assisi wurde es immer schwieriger, den eigenartigen Kerl nicht mehr ernst zu nehmen. Es war nicht leicht, sich dieser Wirkung zu entziehen. Dabei war es gar nicht bequem, denn es hatte unweigerlich Folgen, sobald man ihn ernst nahm. Man konnte nicht mehr so einfach zurück und tun, als ob nichts gewesen wäre. Den einen oder anderen traf er gänzlich ins Mark und für diese gab es auch kein Zurück mehr. Der Erste von ihnen war Bernhard von Quintavalle.

Sie kannten sich von früher und Bernhard beobachtete schon länger, in welchem Feuereifer sich Franz mit den verfallenen Kirchen abplagte, wo er doch vorher so verwöhnt in den Tag lebte. Dann sah er ihn predigen, auch wenn er sich selber immer im Hintergrund hielt, barfuß in der groben Kutte und nur mit einem Strick um den Bauch. Und dabei sah er überhaupt nicht unglücklich aus. Büßer hatte er sich immer viel leidender vorgestellt. Dieser aber war begeistert, strahlte über das ganze Gesicht, sah viel eher erlöst als schmachtend aus. Und er hatte ganz einfach

Recht mit dem, was er sagte, da gab es nichts hinzuzufügen. Der Groschen war bei Bernhard schon gefallen, als er Franz eines Tages in einer Seitengasse heimlich ansprach und um eine Unterredung bat.

Es war schon dunkel, als Franz sein Haus betrat. Da saßen sie sich also gegenüber, die beiden Männer, und sie blieben die ganze Nacht zusammen. In einer freudigen Erwartung waren beide, etwas aufgeregt, und doch war im Grunde alles eindeutig. Es lag in der Luft und musste nur noch ausgesprochen werden. Manche Heirat dürfte in ähnlicher Stimmung vereinbart worden sein. Auch für die beiden Männer änderte sich in dieser Nacht vieles, ihr ganzes Leben. Was man tun soll mit einem Besitz, den man nicht mehr wolle?, fragte Bernhard. Es war ein rhetorischer Einstieg. Irgendwann im Lauf des Abends folgte dann das Bekenntnis: Ich möchte meine ganze Habe den Armen schenken und mich deiner Lebensweise anschließen. Jetzt war es heraußen und auch für Bernhard gab es keine Rückfahrkarte mehr.

Franz wusste, dass diesem Mann ernst war. Es war ein freudiges Glück, das ihn überkam, denn bisher war er allein und nun hatte er plötzlich einen Gefährten. Irgendwann in dieser Nacht wird ihm wohl der Gedanke gekommen sein, dass auch er damit vor einer Wende stand. Es ist schön, nicht mehr allein zu sein, aber es verändert das Leben, und zwar radikal. Es verkürzt jene Stunden, die man gerne teilt, gibt Trost und Unterstützung, Hilfe und Gemeinsamkeit. Umgekehrt wird eine Ordnung nötig, Vereinbarungen und Rücksichtnahme. In jener Nacht, in der aus einem Einzelgänger zwei Brüder wurden, paarte sich die erste Euphorie zum Morgengrauen auch mit einiger Unsicherheit.

Franz: Ich werde diese Nacht nie vergessen. Aufgeregt und unruhig saßen wir einander gegenüber, beide voll mit dem, was uns bewegte. Die Herzen waren voll und die Münder wollten überquellen. Aber was waren die Worte? Wer sollte beginnen? Zwei in dieselbe Idee verliebte Männer saßen sich gegenüber. Als Männer gegenüber Männern hatten wir keine Erfahrung mit solchen Sachen. Vielleicht waren wir gerade deshalb so unsicher. Es sind so eigenartige Ängste, die Männer befallen, wenn sie sich gegenseitig Gefühle zeigen wollen.

Ich kann nicht mehr sagen, wer sich wirklich als Erster öffnete. Es waren zuerst so vorsichtige Meldungen, ein eigenartiges Abtasten, obwohl wir es beide wussten, gegenseitig in den Augen sahen. Männer untereinander können schon komisch sein, wenn es um das Eingemachte geht. So sehr ich mich freute, dass dieser gestandene Kerl sein Leben mit mir teilen wollte, war ich gleichzeitig verunsichert.

In dieser Verlobungsnacht, ihr könnt es ruhig so nennen, kam zur Freude, nicht mehr allein zu sein, auch die Ungewissheit, wie es werden wird. Ich sprang auch nicht gerade in die offene Umarmung und zögerte manchmal, weil ich mich fragte, wie sich mein Leben verändern würde. Bisher musste ich auf niemand schauen. Ich konnte beten, essen, predigen, schlafen, betteln, träumen, wann und wie ich wollte. Ich freute mich auf das gemeinsame Leben, aber es wurde mir zunehmend klar, dass es vieles verändern würde, und zwar bis in die alltäglichen Dinge hinein. Diese Nacht war nicht nur eine Gefühlssache zwischen uns Männern, sondern es war auch eine Entscheidung. Ich vermute, dass es bei euch und euren Frauen nicht anders ist. Aber es war schön so. Die Nacht ist unvergesslich.

Als Narren in der Welt

Peter Cattani schien auf diesen Moment gewartet zu haben, denn auch er wollte sich Franz anschließen und es schaut aus, als wäre er die ganze Nacht auf der Lauer gelegen. Peter war von angesehenem Adel, begütert und hoch gebildet und gleicherweise ins Mark getroffen, berührt in einer Weise, dass er nicht mehr zurückkonnte. Auf dem Weg zur Kirche am Marktplatz waren sie jedenfalls bereits zu dritt. Franz war angetan und unsicher zugleich, denn nun sollte er die Verantwortung für zwei Mitbrüder auf sich nehmen. Für ihn allein war alles klar, aber in dieser Nacht hatte sich die Situation verändert. In der naiven Form des Buchorakels, die er aus der Volksfrömmigkeit kannte, suchte er nach einer erneuten Bestätigung. In der Kirche schlug er das Evangelienbuch drei Mal auf und drei Mal fanden sie Stellen über die Aussendung der Jünger und die Radikalität der Nachfolge. Ob Bernhard und Peter, die beide Latein konnten, etwas nachgeholfen hatten, sei dahingestellt. Franz fand neben dem Evangelium, das er in San Damiano hörte, noch weitere, ähnlich lautende Stellen. Das war die Bestätigung, die er für sich und seine beiden Gefährten suchte: Brüder, das ist das Leben und die Regel für uns und alle, die sich uns anschließen wollen!

Einige Tage später bekam die kleine Gemeinschaft nochmals Nachwuchs. Ägidius, der Vierte im Bunde, war ein Handwerker, der nicht so viel zu verschenken hatte wie die beiden anderen, aber eine robuste Natur war mit Händen zum Zupacken. Sie lebten als Wanderprediger in der Umgebung Assisis und verrichteten Gelegenheitsarbeiten, für die sie ausschließlich Naturalien annahmen. Wenn es für alle vier nicht reichte, bettelten sie um Almosen. Ein Bretterverschlag in der Nähe der Portiunkula war eher nur der gemeinsame Treffpunkt als eine richtige Unterkunft. Sie lebten öffentlich und radikal das Leben der Armen, auch wenn sie dabei zunehmend auf Widerstand stießen. Das war mit ein Grund, dass sie sich eines Tages trennten und predigend durch die Lande zogen. Der Kaufmann und der Handwerker, Franz und Ägidius, wanderten in die Provinz Marken, während die beiden Studierten, Bernhard und Peter, in Umbrien blieben. Der gemeinsame Treffpunkt blieb immer die Hütte bei der Portiunkula.

Trotz aller Anfeindungen waren die vier Männer glücklich und es war mehr als ein alternativer Spleen, denn dafür war ihr Leben zu karg und rau. Es war mehr als gute Miene zum mühsamen Spiel. Sie waren frei von irdischen Zwängen und Schranken. Die Fröhlichkeit, in der sie auftraten, war der Ausdruck ihrer inneren Freiheit, der Freiheit der Ver-rückten, und wenn Franz besonders glücklich war, erhob er seine helle Stimme und sang französische Lieder, bei denen Ägidius wohl nur mitsummen konnte. Sie seien die Spielleute des Herrn, meinte Franz, und vermutlich lag gerade darin ihre besondere Faszination, wenn sie öffentlich zu Buße und Umkehr aufriefen. Die Gaukler des Herrn lebten den Menschen das buchstäbliche Evangelium vor. Als Hofnarren ihrer Gesellschaft, die die Wahrheit sagen durften, stellten sie sich gegen die Welt und ihr Treiben, hielten ihren Zeitgenossen den Spiegel des Wesentlichen vor Augen, in dem das ernsthafteste Treiben sich ins Lächerliche verkehrte. Das Provokanteste war wohl, dass diese Narren in der Welt, wie Franz sich einmal nannte, selbst am meisten zu lachen hatten, die

Fröhlichsten von allen waren. Als Gemeinschaft von Brüdern waren sie getragen von ihrer Idee, in deren Dienst sie sich stellten. Das Leben als Brüder verband sie nur noch mehr. Gemeinsam waren sie noch stärker.

Franz: Das war fortan ein wichtiger Teil meines Lebens und etwas vom Schönsten. Es tut Männern gut, wenn sie wirklich brüderlich zusammen sind. Männer erleben sich meist als Rivalen und dann wird offen oder heimlich gekämpft, gerangelt um Geltung und Positionen, um den Platz auf der Hühnerleiter. Oft ist es ein verdeckter Revierkampf zwischen Platzhirschen, umso mehr wenn eine Frau dabei ist. Am Stammtisch gibt es eine Art Waffenstillstand, oder auch nicht, und dann wird vorsichtshalber über belanglose Dinge geredet. Manchmal klopft man sich noch auf die Schultern, um zu zeigen, wie toll man ist. Über Wesentliches, das, was den Einzelnen persönlich bewegt, wird kaum geredet. Wer kann schon am Stammtisch sagen: He, Leute, ich habe ein Problem.

Entschuldigung, Männer haben ja keine Probleme. Indianer kennen ja keine Schmerzen. Dabei geht es allen gleich und jeder hat sein Bündel, aber wehe, einer fängt an damit. Letztlich wäre es ja gar nicht schlimm, aber keiner tut es. Der Ritter macht doch unter Rittern sein Visier nicht auf. Er könnte doch gleich eine hinein bekommen. Ihr vergebt euch viel damit.

Es tut so gut, wenn die Platzhirsche ihre Geweihe ablegen und an den Zaun hängen können. Ich will nicht behaupten, dass es diese Dinge unter uns nicht gegeben hätte. Wir waren letztlich auch nur Männer. Aber ich würde euch das wünschen, was wir erlebt haben. Es spielte keine Rolle, wer oder was einer ist. Wir steckten weder in einer Rüstung, noch mussten wir einander etwas beweisen. Wir waren Brüder unter Brüdern und das ist ein irres Feeling. Wir verloren die Angst voreinander, konnten plötzlich auch fürsorglich und achtsam miteinander umgehen, zärtlich sogar, und trotzdem war es in unserer Weise männlich. Wir sind uns deshalb nicht ständig in den Armen gelegen, aber wir haben uns als Brüder erlebt, und das hatte eine unheimliche Kraft.

Sonst bräuchten wir Waffen

Die Gesellschaft wehrte sich gegen ihre Hofnarren. Mit Franz allein konnten die Bürger Assisis noch leben, doch nun schien es zu einer ansteckenden Seuche zu werden. Kein Vater konnte mehr sicher sein, ob sein Sohn nicht demselben Irrsinn verfallen würde. Man hielt sie für geisteskrank, Mädchen und Frauen machten aus Angst einen Bogen um sie. Andere verhöhnten sie, warfen Straßendreck nach ihnen und nahmen ihnen auf offener Straße das einzige Gewand weg, sodass sie nackt dastanden. Wieder andere packten sie von hinten an der Kapuze und trugen sie auf ihrem Rücken davon. Sie waren vogelfrei. Aber sie wehrten sich nicht, fluchten nicht und das Ärgste war, dass man ihnen mit Gewalt alles nehmen konnte, nicht aber ihre Fröhlichkeit.

Als sie von ihrer ersten Missionsreise zur Portiunkula zurückkehrten, stießen drei weitere Männer zu ihnen. In der Stadt gärte es und die Verunsicherung wurde umso größer, je mehr angesehene Bürger sich ihrer Brudergemeinschaft anschlossen. Die Situation war nicht ungefährlich, zumal damals nicht wenige religiöse Sektierer unterwegs waren, mit denen man sie jederzeit verwechseln konnte. So rief eines Tages Bischof Guido den vermeintlichen Unruhestifter zu sich und versuchte ihn mit wohlmeinenden Worten zu mäßigen. Das sei doch ein zu hartes Leben und so ganz ohne Besitz ginge es doch nicht. Die Antwort saß und Bischof Guido hatte nichts mehr zu entgegnen: Wenn wir Besitz hätten, gäbe es Streit und Zank und wir bräuchten Waffen, um ihn zu verteidigen. Armut und Frieden waren für Franz eine Einheit.

Franz: Ich weiß, dass es für euch nicht ohne Besitz geht, und ich will euch nicht stressen. Aber, wenn ihr ehrlich seid, kennt ihr diesen Zusammenhang. Sobald ihr mehr haben wollt, als ihr braucht, geht das Theater los und es ist aus mit dem Frieden. Das beginnt schon bei eurem inneren Frieden. Da fängt plötzlich das Raffen und Schielen an und ihr wisst gar nicht mehr, was ihr eigentlich wollt. Das bringt euch aus dem Lot. Und wenn es dann weitergeht, braucht ihr wirklich Waffen, heute meistens raffiniertere als das Schwert. Eine Hand wäscht dann die andere und ihr kommt aus dem Strudel nicht mehr heraus.

Geld allein macht nicht glücklich und ohne Geld kann man nicht leben. So viel habe ich schon gelernt. Ihr müsst den Punkt finden, bis wohin euch Besitz Sicherheit bietet und zu eurem Glück beiträgt. Dahinter kehrt sich das Blatt und ihr werdet unruhig, friedlos und könnt das, was ihr habt, nicht mehr genießen. Vielleicht bin ich nicht der Fachmann für das Genießen, aber die Dinge sind so, das könnt ihr mir glauben. Falls nicht, schaut bei euch selber nach und betrachtet euch im Spiegel der Wahrheit, wenn ihr zu euch selber ehrlich genug seid.

Von Begeisterung und Ordnung

Der Bischof von Assisi allein konnte sie in dieser gefährlichen Zeit nicht schützen, zumal die Truppe mit ihren Wanderungen immer weitere Kreise zog und immer öfter außerhalb seines Reviers tätig wurde. Im Frühling des Jahres 1209, Franz war damals gut siebenundzwanzig Jahre alt und sie waren inzwischen zwölf Brüder, wandten sie sich vom Schmiedle zum Schmied. Sie setzten ein Papier auf, das ihre Ordensregel sein sollte. Es bestand vor allem aus jenen Bibelstellen, die sie schon damals beim Buchorakel über die Nachfolge Christi fanden. Das Papier war kein kanonisches Regelwerk, auch wenn sich Peter auf Grund seiner Ausbildung da schon ausgekannt hätte. Es war vielmehr ein knapper, aber authentischer Ausdruck ihrer Lebensform. Die gemeinsame Begeisterung sollte das Entscheidende sein und nicht ein Stück Papier. Um jedoch tatsächlich beim Papst vorzusprechen, ging es nicht ohne.

Äußerlich war es ein armseliges Häuflein, das damals in Rom ankam. Aber aus diesen grauen, verdreckten Kutten strahlten Augen, leuchteten Münder und ging etwas Ansteckendes aus. Es war möglich, sie nicht ganz ernst zu nehmen, aber wirklich wehren konnte man sich dagegen nicht. So ähnlich muss es Papst Innozenz III. ergangen sein, als er die selbstbewusste Truppe vor sich sah. Nun war es nicht so, dass jeder in Rom ein- und ausmarschieren konnte, wie er wollte. Im Hintergrund zog Bischof Guido ein paar Fäden und ein Kurienkardinal versuchte sie zuerst bei einem bestehenden Orden unterzubringen. Da biss er bei Franz auf Granit. Sein Auftrag kam direkt von oben. Der Herr selbst war sein Auftraggeber und wenn er hätte Benediktiner, Augustiner oder Zisterzienser werden sollen, dann hätte auch der Auftrag anders gelautet. Sein Selbstbewusstsein angesichts der höchsten Kurie war enorm, kirchenpolitisch nicht ungefährlich, und doch, das mussten alle gespürt haben, es kam nicht aus eigener Einbildung und war keine persönliche Anmaßung. Er lebte jedes Wort, das er sagte. In ihm war etwas am Werk. Der Papst jedenfalls bestätigte, wenn auch nur mündlich, ihre Gemeinschaft.

Gemeinsame Begeisterung trägt weit, und doch ist eine Reise von Assisi nach Rom zu Fuß eine Sache, die organisatorische Entscheidungen aufzwang. Welchen Weg sollte man nehmen? Wo sollte man nächtigen? Geht es sich noch aus bis ins nächste Dorf, bevor das Gewitter kommt? Wo und was sollte man essen? Ein Bad im See? Die Vögel des Himmels und Lilien des Feldes sahen sich plötzlich mit praktischen Dingen konfrontiert, die so gar nicht dem Franz seine Sache waren. Für ihn hätte eigentlich alles wie von selber gehen müssen, und als er noch allein war, stellten sich so blöde Fragen auch nicht. Irgendwie einigte man sich darauf, dass Bernhard diesen Job übernehmen sollte. Er hatte zu sagen, wie und wo lang, und die anderen folgten. Das machte die Sache einfacher. In Rom allerdings war wieder unbestritten klar, wer der Chef war.

Franz: Dieses Thema machte mir immer Mühen. Es gibt Männer, die haben das einfach drauf, was mir selber unwichtig war und ohne das es offensichtlich nicht ging. Wir alle hatten keine Lust, ständig über banale Kleinigkeiten zu diskutieren. Und trotzdem musste man einen Weg wählen. Bei euch gilt das manchmal als sehr modern, alle diese Dinge auszudiskutieren. Dabei wird die längste Zeit über Sachen gequatscht, die völlig belanglos sind, und irgendwann mischen sich Dinge hinein, die nicht mehr belanglos sind, und dann hat man das Theater.

Ich gebe zu, in Rom war das auch keine Frage mehr. Da hätte ich die Leitung nie abgegeben und es hat auch niemand von mir erwartet. Aber ich hatte keine Lust, darüber zu diskutieren, wo wir nächtigen sollten. Ich weiß, dass bei uns im Orden der Gehorsam später auch andere Ausmaße angenommen hat. Aber hier ging es um pragmatische Angelegenheiten und ich war so froh, dass ich das alles Bernhard überlassen konnte. Ich habe ihm auf dem Weg auch nie hineingeredet. Vermutlich hat nur er selber nicht so viel davon gehabt, denn er musste immer irgendwie mitdenken, während ich bei mir selber bleiben konnte.

Trotzdem war diese Aufgabe wichtig, das gebe ich schon zu. Leitung ist auch ein Dienst an den anderen, die dadurch entlastet und frei werden für sich. Mein Metier war es jedenfalls nie, mich um organisatorische Dinge zu kümmern. Umso mehr bin ich Bernhard dankbar, dass er es übernommen hat. Offensichtlich geht es unter Männern leichter, wenn eine gewisse Ordnung da ist und wir nicht ständig über jeden Blödsinn diskutieren müssen. Vielleicht klingt das für euch sehr rückständig, aber schaut einmal selber nach. Wir hatten verschiedene Rollen unter uns und so hat es gut funktioniert.

Einfach so ist nicht so einfach

Nach ihrer Rückkehr aus Rom ließen sich die zwölf Brüder in Rivotorto nieder, einer idyllischen Gegend in der Ebene unterhalb der Stadt Assisi. Ein kleiner Bach schlängelte sich durch Rübenfelder, Auwälder und Olivenhaine. Dort fanden sie einen verlassenen Schuppen, der als erste Unterkunft diente. Darin war es allerdings so eng, dass sie kaum alle liegen konnten, und Franz schrieb ihre Namen an die Balken, damit jeder einen Ort hatte, an den er sich zurückziehen konnte. Einige fanden bei den Bauern Gelegenheitsarbeiten, andere bettelten, wieder andere halfen im nahen Aussätzigenheim mit und an den Abenden wurde das Gemeinsame verzehrt. In aller Enge und Armut war es eine glückliche Zeit, waren es die Flitterwochen, die die junge Bruderschaft nach ihrer Anerkennung durch den Papst in Rivotorto verbrachte.

Es waren keine Festmähler, die sie hier verzehrten, und zusätzlich beachteten sie alle Fastenvorschriften. Eines Nachts in dem engen Schuppen schrie ein Bruder laut auf: Ich sterbe. Was er denn habe, fragte Franz, und jener antwortete, er sterbe vor Hunger. Franz deckte den Tisch, weckte alle Brüder und befahl ihnen, mit diesem zu essen, damit er sich nicht schäme. Natürlich, schränkte er nachher ein, sei das kein Freipass für alle, aber jeder müsse auf seinen Körper achten und die Bedürfnisse seien verschieden. In der Begeisterung hatte sich unter den Brüdern ein allzu großer Bußeifer entwickelt und einige hatten sich sogar eiserne Bußgürtel besorgt, die er ihnen streng verbot. Kein Bruder dürfe auf seinem nackten Körper etwas anderes tragen als seine Kutte. Jeder müsse auf seinen Körper achten und ihm das Nötige geben. Das galt zwar für alle, aber nicht für ihn und seinen Bruder Esel.

Mit der Zeit wurden sie den Bauern von Rivotorto lästig, zumal die Gruppe immer größer wurde. Eines Tages trieb ein Bauer mit dem Ruf, er wolle ihnen die Ehre erweisen, seinen Esel rücklings in den Schuppen und bekundete ihnen so seine Ansicht. Franz verstand den Wink und sah sich nach einer neuen Bleibe um, zumal er eine offizielle Niederlassung für seinen neuen Orden suchte, zu der auch eine Kapelle für das Stundengebet und die Messe gehören sollten. Einzelne Priester waren damals schon unter ihnen. Mit diesem Anliegen wandte er sich an Bischof Guido und die Domherren, bekam aber nur abschlägige Antworten. Darauf fragte er beim Abt des Benediktinerklosters am Fuße des Monte Subasio an und erhielt von ihm die Portiunkula, das armseligste Kirchlein in der Umgebung, das er selber vor einiger Zeit halbwegs in Stand gesetzt hatte. Franz war arm und dachte doch wie ein Kaufmann. Da er jeden Besitz verabscheute, vereinbarte er mit dem Abt einen Pachtzins von einem Korb voll Fischen pro Jahr.

Hier bauten sie einige Hütten aus Stroh, Weiden und Lehm. In der Portiunkula, damals ein Au- und Sumpfgebiet unterhalb der Stadt, sah Franz zeit seines Lebens den Sitz des Ordens. Hier versammelten sie sich fortan jährlich zu Pfingsten zum so genannten Kapitel, an dem zumindest anfangs alle Brüder teilnahmen. Dort wurden auch alle anstehenden Fragen des Ordens beraten und entschieden. Die Portiunkula sollte späterhin das Vorbild sein für alle Niederlassungen der Brüder, die Modellgemeinschaft, in der am konsequentesten das gemeinsame Ideal gelebt wurde. Als der Orden schon groß und beliebt war, errichteten die Bürger der Stadt bei der Portiunkula ein gemauertes Haus, damit es dem großen Pfingstkapitel dienen sollte. Als Franz etwas später dazukam, schickte er seine Brüder auf das Dach, um die Ziegel abzutragen und danach die Mauern einzureißen. Breitschlagen ließ er sich nur durch eine Erklärung der Bürger, dass das Haus nicht ihm, sondern der Stadt gehöre. Heute steht dort die drittgrößte Basilika der Welt, aber auch die gehört dem Papst. Franz musste beginnen, Abstriche zu machen.

Franz: Ich weiß nicht mehr genau, wo es begann, dass ich ständig Abstriche machen musste. Vielleicht schon auf der Wanderung nach Rom. Ich glaubte wirklich, es könne so einfach weitergehen, überzeugt und begeistert von einer Idee, die wir schlichtweg lebten. Doch einfach so ist nicht so einfach. Das war schmerzhaft für mich. Alles Mögliche schoss mir durch den Kopf. Hätte ich allein bleiben sollen? Die Aufnahme der Brüder strenger regeln? Aber da bin ich schon wieder beim Regeln. Ich wollte nichts regeln. Der Schwung der Begeisterung hätte, wenn es nach mir gegangen wäre, ganz einfach reichen sollen.

Ich sehe euch schon schmunzeln. Jetzt kommt er auf den Boden, jetzt holt den Spinner die Realität ein. Jetzt sieht er schon, dass es so nicht geht. Ihr könnt beruhigt sein, es kam noch ärger. Und doch, jeder Abstrich, den ich machen musste, tat mir weh. Ein Stück Wirklichkeit holte mich ein, und das geht nun Stück für Stück so weiter. Ob es euch beruhigt? Die Begeisterung traf zunehmend auf die Realität. Feuer und Eis kamen zusammen. Das Feuer wärmte das Eis und das Eis schwächte das Feuer. Ja, ich habe es mir anders gedacht. Aber eines ist sicher: Ohne Feuer erfriert ihr. Und bei allem, was noch kam, es ging mir nie aus, denn es kam nicht nur aus mir.

Damit das Feuer nicht ausgeht

Franz tat einiges dazu, dass ihm das Feuer nie ausging. Anfangs war er nicht ganz sicher, ob er sich als Einsiedler zurückziehen sollte, um ein alleiniges Dasein vor Gott zu verbringen. Er kannte solche Erfahrungen aus den Wochen in der Höhle und manchmal ging ihm die Idee zumindest durch den Kopf. Dagegen stand sein Leben als Wanderprediger, als der er hinausging in die Welt, ein unbehaustes Dasein führte ohne festen Wohnsitz und ohne eigenes Dach über dem Kopf. Die Idee eines großen Ordens stand ihm damals noch nicht vor Augen und schon gar nicht wollte er Klöster bauen. Franz wählte eine Mischform. Die erhaltenen Einsiedeleien geben ein beeindruckendes Zeugnis davon. Er wählte das Leben in der Welt, aber er zog sich immer wieder für eine längere Zeit in Einsiedeleien zurück, um aufzutanken. Es war ihm klar, dass er nicht immer nur geben konnte, dass er nicht ausbrennen wollte, dass er von Zeit zu Zeit nur Gott und sich allein gehören wollte. Von Burnout war damals noch nicht die Rede, aber hier fand er sein Gegengift.

Franz: Ich glaube, solche Rückzugsorte würden den Männern auch heute gut tun. Ihr rackert euch ab für alles, für euren Beruf, die Familie, den Verein, euer Ansehen. Doch wo bleibt ihr selber? Wer ständig nur fährt, dem geht irgendwann das Benzin aus. Wer immer nur gibt, wird irgendwann leer. Wer immer nur feuert, ist irgendwann verbrannt. Ihr geht oft sehr sorglos mit euch selber um. Was ihr braucht, sind weniger Hormone oder Sportprogramme. Ihr braucht vielmehr Orte, an denen ihr zu euch selber kommt.

Ihr braucht Zeiten der Stille. Viele halten das gar nicht mehr aus. Umso wichtiger ist es. Es wird am Anfang sehr schwer sein, vielleicht sogar wehtun. Das sind Entzugserscheinungen wie bei einem Süchtigen und nichts anderes. Wenn ihr zu schnell aufhört, weil ihr feig oder ängstlich seid, werdet ihr das Entscheidende nicht erleben. Stille kann verdammt wehtun, und das muss sie vorerst auch, wenn ihr sie nicht mehr kennt.

Ihr braucht Zeiten der Finsternis. Davor flüchten viele von euch. Das Leben besteht nicht nur aus dem Hellen und Klaren. So einfach ist es nicht gestrickt. Es ist schon gut, wenn ihr nicht ständig jeder Kleinigkeit nachjagt, jeden Floh zu einer Tragödie macht. Männliche Klarheit trägt jedoch erst, wenn sie im Lot ist. Alles andere ist nur Gehabe. Dazu müsst ihr euch auch dem Dunklen stellen, manchmal unter euren Teppich gehen. Das kann sehr schmerzhaft sein, aber daran könnt ihr reifen. Wir haben doch so viele kindische Gockel und so wenig reife Männer.

Ihr braucht Zeiten der Bedürftigkeit. Wenn ihr eure Grenzen nicht spürt, könnt ihr mit ihnen nicht umgehen. Helden sind einsam und sterben sehr früh. Wenn es das ist, was ihr wollt? Nicht wenige von euch wissen gar nicht mehr, was sie wollen, was ihre eigenen Bedürfnisse sind. Sie spüren sich selber nicht mehr. Sie sind eigentlich lebendig tot. Ihr müsst wieder lernen hineinzuhören, auf euch zu hören, zu schauen, was da in euch ist. Sonst geht das Leben an euch vorbei und bald steht ihr als die Lackierten da. Unglückliche Helden gibt es schon genug.

Wer immer nur auf Sendung geschaltet ist, kann nicht mehr empfangen. Ihr braucht Rückzugsorte, einsame am besten, wo ihr euer Programm abschalten könnt. Hin und wieder muss man die Software selber in Frage stellen, aber das geht nicht, solange sie läuft. Aussteigen und abschalten. Erst dann habt ihr überhaupt die Chance zu spüren, dass es da noch eine größere Software gibt, dass eigentlich noch ein ganz anderes Programm läuft, in dem für euch eine Aufgabe vorgesehen ist. Dann stellt sich für jeden plötzlich die Frage: Wem dienst du?

Die Refugien des wilden Mannes

Die Einsiedeleien waren Rückzugsorte, Refugien, in denen sich Franz allein gehörte und dem Herrn, in dessen Auftrag er stand. Es waren Orte, in die er sich zurückzog zu Gebet und Betrachtung, Orte, die den Fluss seines aktiven Lebens unterbrachen. Hier kam er wieder zur Ruhe, gelangte er wieder an seinen Grund und pendelte sich von neuem ein in das Wesentliche. Dieses hatte für ihn einen Namen. Franz konnte und wollte nie abstrakt glauben. Es war Gott, der Herr, der noch größere Vater, der hinter ihm stand, und es war Christus, sein Sohn, dessen Vorbild er in allem nacheiferte. An diesen Orten versenkte er sich immer wieder in Gott. Das war für ihn aber ein ekstatisches Tun und kein tatenloses Leerwerden. Er betete und seufzte, rang und klagte, jubelte und schrie, weinte und stöhnte. Franz war ein sinnlicher Mensch und was ihn innerlich bewegte, bewegte ihn auch äußerlich. Solche Grenzen kannte er nicht.

In der Einsiedelei Lo Speco gibt es noch heute den riesigen Felsspalt, der sich weit in die Erde hineinzieht. Für ihn war es der Felsspalt, der sich in der Todesstunde Christi auftat, als zur dritten Stunde die Erde erbebte und sich die Felsen spalteten, wie es im Evangelium heißt. Franz begab sich tief hinein in diesen unheimlichen Schoß der Erde. Tief drinnen, wo kein Geräusch der Welt mehr vernehmbar und kein Licht des Tages mehr sichtbar ist, lieferte er sich der Todesstunde Christi aus. Kein Mensch wird ahnen können, was er hier erlebte, was er sich hier aussetzte und was er in dieser Nacht des Tages durchmachte. In den anderen Einsiedeleien war es nicht viel anders. Die Brüder, die dabei waren, wussten, dass sie ihn nie stören durften, dass er in diesen Dingen sein eigenes, nicht mitteilbares Leben führte und oft tagelang nicht zum Essen erschien.

Wenn es um seine Einsiedeleien ging, wusste Franz, was er wollte. Immer wieder wurden ihm solche Orte angeboten, die er erst nach einer Besichtigung akzeptierte. Er war sehr wählerisch, wenn er in Distanz zur Welt gehen wollte. Immer waren die Orte abgeschieden von der Welt, auf Bergeshöhen, aber mit Blick auf die Welt. Heimelige Talkessel waren nicht seine Sache. Meist waren es einsame, ausgesetzte Felsen, naturbetonte Orte mit Wald und Quellen. Das Wasser brauchte er zum Leben, die Abgeschiedenheit und die Natur brachten ihn näher zu Gott und seinen Geschöpfen. Überall gab es Höhlen, Grotten, Felsstürze oder zumindest enge Steinnischen. Da er sich oft über Wochen an diesen Orten aufhielt, schätzte er es, wenn sich eine kleine Kapelle in der Nähe fand, in der er mit den wenigen Brüdern, die bei ihm waren, das Stundengebet verrichten konnte.

Diese Einsiedeleien kratzen noch heute an allen gehübschten Bildern vom lieben Bruder Immerfroh, wie er später bezeichnet wurde. Das hat mit Immerfroh nichts mehr zu tun. Es sind die Refugien eines wilden Mannes, auch wenn er nie viel davon erzählte. Es sind Orte mit einer faszinierenden und gleichzeitig beklemmenden Ausstrahlung, fernab von der Welt, mitten in der Natur, an rauen Felsen, still und unheimlich fast. Einsamkeit und Ruhe stehen dort in einer fruchtbaren Spannung zum Blick in die Welt. Es sind raue Höhlen, in denen Franz hauste, Steinplatten, auf denen er schlief, wilde Felsspalten, in die er sich zurückzog. Der Gedanke, dass er an diesen Orten nahe bei Gott war, hat etwas Faszinierendes und Erschreckendes gleichzeitig.

Franz: Es war nicht selten eine wilde Sache, im Grunde unbeschreibbar. Heute wird im Religiösen sehr das Liebe und Nette betont, die Gemeinschaft untereinander. Das ist nicht falsch, aber aus meiner Sicht ist es nicht alles. Euch Männern möchte ich zumindest sagen, habt Mut zum Wagnis. Der Glaube ist nicht nur Trost, sondern auch eine Herausforderung. Ihr dürft nicht einschlafen im Schoß der Mutter Kirche. Christus selbst war nicht nur lieb und nett, nicht nur der gute Freund aller. Er war gleichzeitig fordernd, konsequent und manchmal fast brutal in seinen Ansprüchen. Er hat den Menschen nicht nur die Füße, sondern auch den Kopf gewaschen.

Auch das Leben ist nicht nur weich und soft. Manchmal schlägt es euch Wunden. Trotzdem müsst ihr eure Herausforderung finden und könnt nicht immer den billigsten Weg gehen. Daran können wir als Männer wachsen und reifen. Männliche Grandiosität hat gleichzeitig etwas Demütiges und etwas Wildes. Es ist das Gegenteil von Brutalität, denn die ist nur die zwanghafte Männlichkeit innerlich schwacher Figuren.

Das Wilde muss seinen Weg gehen von der Gewalt über die Weinerlichkeit zu einer reifen Form von Männlichkeit. Ich habe die Stadien in meinen Einsiedeleien oft über Tage körperlich durchlebt. Ich konnte zärtlich sein, weil ich die Nacht kannte. Ich liebte die Vögel, weil ich wusste, wie schwer die Erde war. Ich streichelte gerne die kleinen Häslein, weil ich wusste, wie hart die Felsen waren. Ich tat alles für den Frieden, weil ich einige Kämpfe bestanden hatte und nicht, weil ich zu feig dazu gewesen wäre. Ich konnte schwach sein, weil ich stark wurde. Nur Männer, die innerlich schwach sind, glauben, ständig stark tun zu müssen; es bleibt ihnen offensichtlich nichts anderes übrig. Es ist ein Unterschied, ob ihr als Mann fürsorglich und zärtlich seid, weil euch das Leben dazu fähig gemacht hat, oder weil euch nie etwas anderes übrig geblieben ist.

Manchmal kommen wichtige Dinge im Leben nicht von selbst. In diesen unheimlichen Nächten in den Einsiedeleien, in denen ich mich Gott auslieferte, fand ich zu meiner eigenen Wildheit und Demut. Es waren verrückte und unbeschreibliche Stunden. Manches soll auch meine persönliche Sache bleiben. Aber ich suchte nicht nur Trost. Ich habe mich tatsächlich ausgeliefert. Das war zwar kein Seelentrip mit Räucherstäbchen, aber ich erhielt eine Antwort. Ich bekam, was ich brauchte.

In einer Nacht

Es waren oft lange, stille und einsame Nächte in diesen Einsiedeleien. Manchmal lag Franz entspannt auf einem Felsen und starrte in die Dunkelheit. Er spürte seinen Körper, und auch wenn es noch so kalt war, kam es vor, dass ihm irgendwo warm wurde. Manchmal rührte sich Bruder Esel in einer Weise, die ihm nicht recht sein wollte. Er glaubte sich ablenken zu müssen, und wenn nichts half, nahm er schon auch einmal den Strick seiner Kutte, um den Esel auf andere Gedanken zu bringen. In einer kalten Winternacht half auch das nichts. Er zog sich aus und warf sich nackt in den Schnee, doch die Kälte schien das Feuer nur zu entfachen, den Zunder des Fleisches, wie es damals hieß.

Franz wälzte sich im rauen Schnee, doch es nützte nichts. Er raffte einen Haufen Schnee zusammen und formte daraus Klumpen, einen größeren und vier kleinere. Da, rief er laut zu sich selber, wippte hin und her und schwang seine Arme: Das sind deine Frau, deine beiden Söhne und deine beiden Töchter. Siehst du, wie sie frieren, brüllte er sich selber an: Wenn schon, dann schau, dass du sie auch bekleiden kannst, sonst sterben sie vor Kälte. Wieder warf er sich vor den Klumpen in den Schnee. Er stand auf, schaute an sich hinunter und rief: Wenn dir diese Verantwortung schon zu lästig ist, dann gehab dich nicht so. Damit endete die nächtliche Episode des Nackten im Schnee.

Franz: Ich gebe zu, dass mir dieses Thema nicht ganz leicht fällt. Und doch weiß ich, dass die Sexualität für Männer etwas Elementares ist, dass es viel mit unserer Identität zu tun hat. Ich fürchte aber, dass ich euch dazu wenig Konstruktives zu sagen habe, wenig, das euch Männern heute sehr nützlich sein könnte. Ich dachte nicht gerade Tag und Nacht daran und war eher froh, wenn ich nicht zu viel mit Frauen zusammen war. Ein wenig konnte ich dem Thema aus dem Weg gehen und trotzdem war es natürlich da.

Bin ich daran gescheitert? In gewissem Sinn habt ihr Recht, wenn ihr es so seht. Das Thema hat mich beschäftigt, auch wenn ich nicht wirklich Antworten gefunden habe, die euch zufrieden stellen würden. Wie sollte ich die Sexualität in mein Leben integrieren? Meine Antworten darauf sind in euren Augen vielleicht eher hilflose Versuche. Ich sah diese Schneeklumpen vor mir. Es wäre ein anderes Leben gewesen, ein nicht weniger wichtiges, ein verantwortungsvolles. Für mich hatte Sexualität zu tun mit der Verantwortung für die eigene Fruchtbarkeit. Das hat mir zumindest in jener Nacht geholfen, als ich nackt im Schnee lag und die Klumpen vor mir sah.

Ich war ein radikaler Kerl und habe doch nie erwartet, dass alle dieses Leben führen müssen. Im Gegenteil, ich hatte eine große Achtung vor allen Frauen und Männern, die in ihren Familien und ihren Berufen lebten. Es gibt sicher viele unter euch, die diese Dinge verbinden können. Ich habe darum auch nie einen Familienvater in unseren Orden gelockt. Es gibt Menschen, denen Sexualität wichtiger ist, und solche, denen sie nicht so wichtig ist. Vermutlich gehörte ich eher zu den Zweiteren und trotzdem war ich ein sexuelles Wesen. Ich habe keine Antwort darauf gefunden, wie ich meine Sexualität in mein einseitig radikales Leben integrieren hätte können. Diese Nacht im Schnee war mein Versuch, aber es wird euch wohl kaum befriedigen.

Die Brüder und ihre Schwester

Die Minderbrüder, wie sich der Orden inzwischen nannte, waren schon zu einer stattlichen Anzahl angewachsen, als erstmals eine Frau an ihre Türen klopfte. Klara war eine aufgeweckte junge Frau, damals gerade achtzehn Jahre alt, gebildet und aus angesehenem Hause. Die Familie wohnte in einem Palast unmittelbar am Domplatz. Ihr Cousin Rufinus hatte sich schon zwei Jahre zuvor den Minderbrüdern angeschlossen. Das Thema war nicht erst seit da Gesprächsstoff im Hause Favarone. Klara konnte immer wieder Franz und seine Brüder bei Auftritten in der Stadt beobachten und irgendwann packte es sie. Warum sollte es denn nicht auch Minderschwestern geben?

Sie bat ihren Cousin um Vermittlung und so kam es zu einigen heimlichen Gesprächen zwischen ihr und Franz. Heimlich waren sie nicht, weil es da etwas zu verbergen gegeben hätte, schließlich war immer eine Vertraute des Hauses dabei. Heimlich waren sie, weil es um ihren Ruf ging und ihr Abgang in aller Vorsicht in die Wege geleitet werden musste. In der Nacht zum Palmsonntag 1212, Franz war bereits dreißig Jahre alt, war es dann so weit. Es gab ein frommes Komplott der Frauen im Hause Favarone, denn so einfach konnte ein Mädchen damals nicht des Nachts aus der Stadt spazieren. Umständlich über einen Hintereingang gelangte sie aus dem Haus, und vermutlich war sogar die Wache am Stadttor eingeweiht, denn die Portiunkula lag weit außerhalb der Stadtmauern, die nachts immer verschlossen waren.

Irgendwie jedenfalls gelangte sie hinunter und nun stand sie da und bat um Aufnahme. Franz vollzog die Aufnahme, indem er ihr die Haare abschnitt. Nun hatten also die Brüder auch eine Schwester. Schön, könnte man sagen, aber so einfach war es nicht. Eine einzige Frau unter lauter Männern war damals noch mehr als heute eine schiefe Optik. Zudem konnten die Männer sich leicht auf die Seite der Armen und gesellschaftlich Ausgeschlossenen stellen, aber für eine Frau sah das schon ganz anders aus. Auch wenn sich Klara vermutlich ein ähnliches Leben wie das der Brüder vorstellte, wäre für sie als Frau ein solches viel zu gefährlich gewesen. Das hatte ihr Franz in einigen Gesprächen nach ihrer Aufnahme klar zu machen versucht. Die Brüder waren etwas ratlos.

Jedenfalls brachten sie Klara noch am frühen Morgen in das nahe gelegene Kloster der Benediktinerinnen. Im Hause Favarone war ihr Verschwinden inzwischen bemerkt worden und eine verwandtschaftliche Abordnung machte sich auf die Suche; von ihrem Vater ist eigenartigerweise nie die Rede. Eine der Dienerinnen hatte vermutlich einen Tipp parat. Als die Verwandtschaft Klara im besagten Kloster fand und wieder mit nach Hause nehmen wollte, entblößte sie ihr geschorenes Haupt, worauf die Truppe ohne Anzeichen von Gewalt von ihr abließ. Es muss schon etwas Eigenartiges mit den Frauen (oder Männern?) dieses Hauses gewesen sein, denn Klaras Schwester Agnes folgte zwei Wochen später und in weiterer Folge schloss sich fast der ganze weibliche Hausstand dem Orden an, ihre Schwestern, die Begleiterinnen und zuletzt sogar die Mutter.

Im Kloster gab es Probleme und schlussendlich wollte Klara ja auch nicht Benediktinerin werden. Franz hatte sie ja in seinen eigenen Orden aufgenommen. Er musste eine Lösung finden und wandte sich an den Bischof von Assisi, der ihm das Kirchlein von San Damiano zur Verfügung stellte, das die Brüder schnell in ein kleines Kloster für die Frauen umbauten. Die ehemalige Wohnung des Priesters wurde renoviert und über das Kirchlein, die Grundmauern waren ja inzwischen stabil, bauten sie einen Schlafraum für die Schwestern. In diesem abgeschlossenen Ort verbrachten die Armen Frauen von San Damiano, wie sie fortan genannt wurden, in aller Armut ein von der Welt abgeschiedenes Leben. Die Schwester Klara starb 1253 mit neunundfünfzig Jahren und blieb bis zum Ende ihres Lebens in diesem Gemäuer. Kurz vor ihrem Tod, als sie schon sehr krank war, rang sie noch dem Papst ihre Ordensregel buchstäblich ab, denn dieser hätte sich die Sache etwas weniger streng gewünscht. Klara war konsequent, nicht weniger radikal und wohl auch folgsam. Ob es das Leben war, das sich die junge Frau erträumt hatte? Manche Fragen sind einfach ein weites Feld.

Franz: Das war alles so eine Sache und ich tue mir nicht leicht, es zu erklären. Ihr habt da heute leicht reden. Zuerst war es eine riesige Freude, als sich erstmals eine Frau unserer Lebensform anschließen wollte, und es war absehbar, dass noch weitere Frauen folgen würden. Wir hatten einen gewissen Stolz, dass es nun einen weiblichen Zweig unseres Ordens gab. Die Frage, ob Klara es sich so vorgestellt hatte, wie es dann ausging, darf man stellen. Vermutlich habe ich für heutige Frauen keine befriedigende Antwort parat und doch wüsste ich nicht, wie ich anders tun hätte sollen. Damit werde ich leben müssen.

Wir waren eine Gemeinschaft von Männern, und das war wichtig. Es ist heute noch so, dass eine Gruppe von Männern friedlich beisammen sein kann, und sobald eine Frau dazukommt, geht das Gerangel los und die Gockel stellen ihre Kämme auf. Dabei kann die Frau gar nichts dafür. Das Leben, das wir wählten, war gleichzeitig ein Leben ohne Frauen. Trotzdem hatten wir große Achtung vor jedem Mann, der verheiratet war und eine Familie gründete. Und wir hatten auch Achtung vor den Frauen. Nur kann man nicht alles gleichzeitig. Manche Dinge im Leben schließen sich aus und dann muss man sich entscheiden. Wir hatten uns entschieden. Unsere

Frauen legten übrigens später ebenso Wert darauf, streng unter sich zu sein.

Klara war ein lebendiges und selbstbewusstes Wesen. Sie hatte sich so eindeutig entschieden, dass sie das Leben der Armen leben wollte, da hätte sich jeder die Zähne ausgebissen. Sie strahlte über das ganze Gesicht, wenn sie von ihrem Entschluss erzählte. Ihre Augen leuchteten und funkelten, wenn sie von mir und meinem Vorbild redete. Ich habe mir da vorerst gar nicht so leicht getan. Vielleicht schwärmen Frauen ganzheitlicher, oder wie immer man das ausdrücken soll. Nicht, dass da Anzügliches dabei gewesen wäre, aber als Mann weiß man ja nie. Ich freute mich sehr und trotzdem war es, als ob ich gleichzeitig immer ein bisschen auf Distanz gehen müsste. Sie selber hätte mein Problem gar nicht verstanden oder sogar mich verdächtigt. Aber ich brauchte eine Weile, bis ich gegenüber meiner schwärmerischen Schwester wieder zu brüderlicher Klarheit gefunden hatte. Wo klare Grenzen sind, wächst die Achtung auch.

Über die Alpen und zurück

Die Ausbreitung des Ordens in Italien war enorm und irgendwann tauchte die Frage auf, ob sich die Brüder über die Grenzen des heutigen Italiens wagen sollten, nach Norden über die Alpen und nach Süden über das Meer. Beim Pfingstkapitel 1217, Franz war damals gut fünfunddreißig Jahre alt, wurde diese Mission beschlossen. Es war ein unvorbereitetes und wagemutiges Unternehmen, aber sie taten es aus Überzeugung und mit Begeisterung. Gefährlich war das Vorhaben auch deswegen, weil nördlich und westlich der Alpen viele sektiererische Gruppen unterwegs waren, mit denen man sie verwechseln konnte. In Italien waren sie inzwischen bekannt, aber in anderen Ländern waren die Brüder nicht so leicht einzuordnen. In Frankreich wurden sie sehr bald aufgehalten, weil man glaubte, sie gehörten einer Sekte an. Der sie aufhielt, war allerdings ein Bischof und der konnte Latein. Die Brüder legten ihm die bisherige Regel vor, die vom Papst nur mündlich bestätigt war. Man hielt sie fest, fragte beim Papst nach und bekam einige Wochen später die Antwort, dass sie ganz und gar katholisch seien.

In Ungarn ging es ihnen wesentlich übler. In der Weite der Puszta trafen sie auf Hirten, die sie mit Spießen piesackten. In ihrer Gutgläubigkeit, verstehen konnten sie ja kein Wort, meinten sie, die Hirten hätten es auf ihr Gewand abgesehen. Sie lieferten den Hirten eines nach dem anderen aus, bis sie nackt dastanden und die Hirten immer noch nicht aufhörten. Die Brüder beschlossen sehr bald, dieses Land zu verlassen, und kehrten nach Italien zurück.

Deutschland war unter den Brüdern lange Zeit besonders gefürchtet auf Grund der damaligen Erfahrungen. Kein Einziger war der Sprache kundig, doch irgendwie lernten sie das Wort ‚ja'. Als die Menschen die armseligen Brüder sahen, fragten sie, ob sie Nahrung und Unterkunft bräuchten, und sie sagten immer ‚ja'. So funktionierte die Sache eine Weile sehr gut und sie glaubten in dem Wort die Wunderformel gefunden zu haben. Eines Tages allerdings wurden sie gefragt, ob sie Sektierer seien, die aus der Lombardei kommen und Deutschland verseuchen wollten, und sie antworteten wieder freudig mit ‚ja'. Darauf wurden sie geschlagen, eingekerkert und nackt am Stadtplatz den Menschen zum Schauspiel vorgeführt. So schnell sie konnten, rafften sie sich zusammen und flüchteten zurück nach Italien. Deutschland galt seit da unter den Brüdern als besonders grausam.

Einige Jahre später startete der Orden trotz Widerstand einen erneuten Versuch, nach Deutschland vorzudringen. Diesmal stand jedoch der deutsche Bruder Cäsar von Speyer dem Unternehmen vor, der nach einem Kreuzzug in Palästina blieb und dort zu den Minderbrüdern wechselte. Die Überquerung des Brenners gelang mit einigen Mühen und auch das Tirolische schaffte man. Zu aller Freude wollte kurz hinter dem heutigen Garmisch der erste Deutsche dem Orden beitreten. Das war ein gutes Omen. Nur hatte er einen Namen, der für die Italiener unaussprechlich war, worauf dieser neue Br. Hartmut auf der Stelle zum Br. Andreas umgetauft wurde.

Am schlimmsten ging es allerdings jenen Brüdern, die gegen die Sarazenen, die muslimischen Araber, ausgeschickt wurden. Mit einigen Mühen gelangten sie über Frankreich nach Spanien und von dort bis nach Marokko, wo sie gefangen genommen und hingerichtet wurden. Es waren die ersten Brüder, die als Märtyrer endeten, Männer, die für ihre Überzeugung das Leben lassen mussten.

Franz: Wenn ich daran denke, wird mir heute noch anders. Ihr werdet lachen über das, was diese Naivlinge auszustehen hatten. Keine Frage, diese Mission war unüberlegt von A bis Z und in keiner Weise vorbereitet. Aber warum? Unsere Gemeinschaft erlebte einen Schwung sondergleichen. Die Anzahl der Brüder wuchs von Tag zu Tag und gleichzeitig wurden wir in Mittelitalien immer beliebter. Wir hatten Rückhalt in der Bevölkerung und von Amtsträgern, nicht selten schlug uns regelrecht Begeisterung entgegen. Da lag die Frage nahe, warum wir unsere Botschaft nicht in andere Länder tragen sollten. Die Annahme, dass es dort ähnlich sein würde, war natürlich völlig unüberlegt und naiv. Wir waren einfach begeistert.

Natürlich schreckt es mich heute noch, wie unvorbereitet und ohne jede Sprachkenntnis wir diese Brüder losgeschickt hatten. Die es getroffen hat, tun mir Leid. Trotzdem stehe ich dazu. Das Risiko gehört zum Leben, auch wenn es nicht so blauäugig sein muss. Wer nichts wagt, gewinnt nichts. Das ist ein alter Spruch und stimmt gerade deshalb. Sicherheit ist nicht unwichtig, aber es kann nicht das alleinige Ziel des Lebens sein. Es geht um mehr, und darum müssen wir etwas wagen. Was ist schon ein Rückschlag? Der Beweis, dass man es versucht hat.

Wir waren begeistert und hatten einen Auftrag. Wir haben damals Fehler gemacht. Aber ist es schlimmer, als ohne Begeisterung zu leben? Ist es wirklich besser, nichts zu riskieren, als Fehler zu machen? Meine persönliche Antwort ist immer noch eindeutig. Wer nur die Sicherheit sucht, kommt darin um. Ohne Risiko können wir nichts bewegen, nichts weiterbringen, nichts schaffen. Mutlose Männer strahlen nichts mehr aus.

Das Ende einer Heldenfahrt

Das mit den Märtyrern ließ Franz so schnell nicht mehr los. Es plagte ihn das schlechte Gewissen gegenüber seinen Brüdern, die in Marokko für ihren Einsatz umgebracht wurden. Zum anderen gab es damals eine regelrechte Kreuzzugsbegeisterung, die viele junge Männer in den Orient lockte, wo sie schnell zum Ritter werden konnten. Dieses Kapitel hatte Franz zwar schon längst abgeschlossen und doch keimte in ihm ein neuer Heroismus auf, als er zwei Jahre später beschloss, selber in den Orient zu reisen, mit der nicht unbescheidenen Absicht, den Sultan zu bekehren. Nach dem zweischneidigen Erfolg, den er bereits hatte, war es zweifellos der Wunsch, nochmals etwas Großes zu vollbringen, und sei es auch, als Märtyrer zu enden wie diese Brüder. Zumindest nachsagen lassen wollte er sich nichts.

Nach dem Pfingstkapitel 1219 – Franz war damals bereits siebenunddreißig Jahre alt – reiste er ab und erreichte zwei Monate später per Schiff und zu Fuß Damiette in Ägypten. Die heiligen Stätten in Palästina waren von den Arabern besetzt, weshalb der Papst streng verboten hatte, diese Orte aufzusuchen. In Ägypten tobten stattdessen die Kämpfe zwischen den christlichen Kreuzzüglern und dem arabischen Sultan. In diese Kämpfe platzte Franz hinein und gleich nach seiner Ankunft erlebte er eine schmerzhafte Niederlage der christlichen Kreuzritter. Was er zu sehen bekam, stachelte seinen Friedenseifer erneut an.

Einen Monat später, als die Kämpfe wieder aufflammten, überschritt er mit dem Wagemut des Unbeirrbaren die feindliche Linie, barfuß und in seiner grauen Kutte. Die Araber quälten und schlugen den komischen Vogel, der ihre Sprache nicht beherrschte und in falscher Aussprache ständig rief: Soldan! Soldan! Soldan! Er war schon eine eigenartige Erscheinung und doch konnte er ihnen nichts anhaben. Nach einiger Zeit ließen sie von ihm ab. Vielleicht waren es wieder einmal seine begeisterten Augen und das friedliche Lächeln, das sie irritierte. Jedenfalls führten sie ihn nach einigen Torturen tatsächlich zum Sultan, nach dem er offensichtlich verlangte.

Sultan Melek-el-Kamel war ein hoch gebildeter, politisch umsichtiger Mann und keineswegs das wilde Tier, als das man die Sarazenen gerne darstellte. Der Empfang war jedenfalls vergleichsweise ehrenhaft. Auch wenn ihm der Sultan die friedlichen Absichten abnahm, war die Begegnung selbst erfolglos. Schon allein sprachliche Welten trennten die beiden Männer. Es scheiterte nicht an seinem Mut, aber Franz hatte sich das Unternehmen wohl doch etwas zu einfach vorgestellt. Nach einigen Tagen ließ ihn der Sultan unter Waffenschutz zum Heer der Christen zurückbringen.

Was Franz bald nach dieser Begegnung mit ansehen musste, war viel schlimmer als alles Bisherige. Anfang November eroberten die christlichen Kreuzfahrer Damiette und richteten ein wahrhaft unchristliches Blutbad an. Von den 80.000 Einwohnern der Stadt sollen nur 3000 das Inferno überlebt haben. Von der Grausamkeit der Sarazenen hatte er schon einige Geschichten gehört, doch was er nun von seiner eigenen Partei zu sehen bekam, übertraf alles, was er sich vorstellen konnte. Die Grausamkeit des christlichen Heeres erschütterte jeden noch so frommen Kreuzzugsgedanken in seinen Wurzeln. Alles war so ganz anders gekommen, als er es sich ausgemalt hatte.

Die Reise in den Orient war für Franz in jeder Beziehung ein persönlicher Tiefschlag mit folgenreichen Auswirkungen. Sie war nicht der Höhepunkt seines Lebens, den er sich erträumt hatte, im Gegenteil. Der Ritter Christi, der mit dem Wort und dem Einsatz seines Lebens für den Frieden kämpfen wollte, stand vor dem Nichts. Weder gelang es ihm, den Sultan zu bekehren, noch starb er einen heroischen Märtyrertod. Stattdessen musste er der Brutalität der christlichen Kreuzritter hilflos zuschauen. Nicht, dass er sich viel um Bruder Esel scherte, aber auf dieser Reise holte er sich zusätzlich die Malaria und eine schmerzhafte Augenentzündung, unter der er den Rest seines Lebens litt.

Franz: Ich wollte es nochmals versuchen, nicht nur das Geleistete verwalten oder von meiner Berühmtheit leben, mich selber wieder spüren, nochmals vornedran stehen und etwas Großes vollbringen. Das war in einem Alter, in dem auch bei euch die Lebensmitte beginnt, in dem die biologische Kurve unweigerlich ihren Knick macht. Ich glaube, ich wollte noch einmal etwas beweisen. Und dann kam alles so anders, als ich es mir ausgemalt hatte. Und es war schlimm. Wie Wellen kamen Tiefschlag um Tiefschlag über mich. Die letzten Reste von Heldentum verfielen wie Aschenstaub. War das alles und sollte so der große Franz enden? Fragen schossen mir durch den Kopf und es war, als würde man mir den Teppich unter den Füßen wegziehen. Ich fiel in ein Loch. Die Wellen schienen über mir zusammenzuschlagen und mir für immer den Zugang zum Licht zu versperren.

Es war meine Krise der Lebensmitte, auch wenn ich nicht mehr so lange leben sollte, wie ihr heute. Ich sehe es als einen schmerzhaften Umbruch, der letztlich zu etwas Neuem führte. Heute weiß ich, dass diese Phase wichtig und notwendig war. Es gibt keinen Aufstieg ohne Abstieg und der Abstieg begann eben in dieser Zeit. Im Moment war es aber nur schmerzhaft, dumpf und trostlos. Das depressive Loch war düster und dunkel. Der Elan, der öffentliche Mut, jede Kampfeslust, alles war dahin. Ich musste so viele Feuerproben überstehen, mich in so vielem bewähren und hätte nie geglaubt, dass das Schlimmste noch kommt. Ich war der Überzeugung, es gehe immer so weiter und Erfolg würde sich an Erfolg reihen. Das war der jugendliche Traum des Helden. Doch die Leiter des Erfolges führt nicht in den Himmel, sondern an die Decke.

Es war das Schlimmste, was mir passieren konnte. Die früheren Hürden waren durch Kraftanstrengung zu nehmen und dahinter ging es immer weiter, vorwärts, nach oben. Damit war nun Schluss. Mit Kraft und Anstrengung war nichts mehr zu machen. Vieles war unwiederbringlich dahin und es gab kein Zurück mehr. Doch die Wunden, die das Leben schlägt, haben ihren Sinn. Es war der Beginn des Abstiegs, der Beginn eines Wandels vom Rampenlicht in das Innere, vom verdienten Stolz zur Demut, vom Erfolg zur inneren Reife, vom Wachsen und Drängen zur reifen Frucht in der Hand des Herrn.

Die überforderte Henne

Man könnte meinen, es wären Tiefschläge genug gewesen, doch es kam noch schlimmer. Als Franz zusammen mit Peter Cattani über das Meer nach Ägypten fuhr, hinterließ er zwei Stellvertreter, die vor Ort nach dem Rechten schauen sollten. Eines Tages erreichte ihn im Orient ein Bruder, der unerlaubt aus Italien abgehauen war, um Franz von den Ereignissen während seiner Abwesenheit zu berichten. Es muss drunter und drüber gegangen sein. Auf einem eigenen Kapitel hätten sie versucht, so berichtete der treue Bruder fast atemlos, die Fastenvorschriften zu verschärfen und die Ordensregel zu verändern, um sie den bestehenden Orden anzupassen. Er sei zwar ohne Erlaubnis gekommen, beteuerte der Bruder, und er hoffe, der gütige Vater werde ihm das verzeihen, doch seine Stellvertreter würden den ganzen Orden in Italien durcheinander bringen.

Man saß gerade bei Tisch und es war Fleisch aufgetragen, als der Bruder die neue Verordnung mit den strengen Fastenvorschriften hervorkramte und dem Ordensgründer vorlegte. Franz wandte sich an Peter und fragte ganz harmlos, was man da nun tun solle. Dieser spielte den Ball vorsichtig zurück, denn er habe ja die Macht. Franz grinste über das ganze Gesicht, als er einen Satz aus dem Evangelium zitierte, der Peter so gut wie ihm vertraut war: Wenn ihr in eine Stadt kommt, und man euch aufnimmt, so esst, was man euch vorsetzt. Der Nachsatz war nicht weniger genüsslich zelebriert: Also lasst uns denn gemäß dem Evangelium essen, was uns eben vorgesetzt wurde. Franz war nicht gerade ein Witzbold, aber manchmal verstand er es doch, wenn es sonst schon nichts zu lachen gab. Der geflüchtete Bruder jedenfalls atmete auf.

Bei nächster Gelegenheit machte sich Franz mit einigen Brüdern, die bereits im Orient tätig waren, auf und kehrte nach Italien zurück. Doch der erste Weg führte ihn nicht in die Portiunkula, sondern zum Papst. Demütig hockte er sich vor seiner Türe nieder und wartete, bis dieser herauskäme. Beim Papst bewirkte er die Rücknahme aller Verordnungen, die seine Stellvertreter erlassen hatten. Gleichzeitig bat er ihn, ihm einen Kardinalsprotektor zuzuteilen, einen offiziellen Beschützer des Ordens: Gib mir einen, mit dem ich mich besprechen kann, wenn ich es brauche, und der an deiner Stelle die Angelegenheiten meines Ordens anhört und regelt. Die Sache begann ihm über den Kopf zu wachsen.

Eines Nachts hatte Franz wieder einmal einen Traum, der ihm seine Lage bildhaft vor Augen führte. Er sah eine kleine schwarze Henne, die so viele Küken hatte, dass sie nicht mehr im Stande war, die Küken unter ihren Flügeln zu halten. Immer mehr Küken blieben deshalb draußen und rannten wild um die Henne herum. Die Brüder waren zu viele geworden. Der Traum traf den Nagel auf den Kopf. Seine Flügel waren das persönliche Beispiel, an dem sich die Brüder bislang orientieren konnten. Franz war es zuwider, den Chef herauszukehren oder umfassende Regeln aufzustellen. Das Evangelium, die innere Begeisterung und der gemeinsame Elan hätten genügen sollen. Die kleine Henne musste schmerzhaft einsehen, dass diese Zeiten vorbei waren.

Franz: Die Sache wuchs mir tatsächlich über den Kopf. Und es war nicht das, was ich wollte. Ich war kein Leitungsmensch, das Königliche nicht mein Metier. Manche Männer können das sehr gut, wenn sie etwas älter sind, milder und reifer. Sie regieren dann nicht mehr durch Herumfuchteln mit dem Zepter, sondern von innen heraus. Sie nehmen wahr, was los ist, was es braucht, sorgen für die Anvertrauten und müssen oft gar nicht viel tun. Es reicht dann, wenn sie da sind und ihren Platz einnehmen. Der Laden funktioniert und alle fühlen sich wohl. Das war nicht meine Gabe. Ich war nicht der geborene Ordensobere.

Dann gibt es solche, die sind einfach geborene Macher. Sie haben einen Überblick und wissen, worauf es ankommt, damit etwas funktioniert. Sie können organisieren und an zehn Sachen gleichzeitig denken. Sie verstehen es, schlau die Fäden zu ziehen, vorauszuschauen und Maßnahmen zu treffen. Diese Dinge haben mich als gelernten Kaufmann immer irgendwie fasziniert, aber es war nicht meine eigene Stärke. Ich war auch nicht der geborene Ordensmanager.

Ich war ein Kämpfer und ein Liebhaber, wenn ihr mich versteht. Ich wollte kämpfen für das Evangelium, für die Armen und die Ausgestoßenen und für den Frieden. Da kommt jetzt wieder der Ritter durch. Ich wollte kämpfen für große Ziele, für nichts Geringeres als die Botschaft Gottes. Aber es war mir in der Seele zuwider, dafür zu kämpfen, dass die eigenen Brüder die Regel beachteten, oder mich um den ganzen Krimskrams von Organisation und Verwaltung zu kümmern. Ich wäre kein guter Oberer gewesen, viel zu ungeduldig und intolerant. Wahrscheinlich hätte ich ständig das Brecheisen in der Hand gehabt.

Stattdessen habe ich mich zunehmend zurückgezogen, wenn ein Bruder meine Erwartungen nicht erfüllte. Das waren nicht nur Gesten der Demut, sondern auch ein Selbstschutz. Wenn mich jemand ärgerte, ging ich zum Gebet. Das war nun der Liebhaber. Wenn ich mich an einen stillen Ort zurückziehen konnte, irgendwo in der Natur, Vögel um mich herum, dann war ich ganz bei mir und nah bei Gott. Dann interessierte mich einfach nicht mehr, wer was gesagt hatte oder wie etwas gemacht werden sollte. Das waren die glücklichen Momente in meinen letzten Lebensjahren.

Ich habe meine Grenzen erlebt und musste gleichzeitig schmerzhaft erkennen, dass diese Dinge trotzdem notwendig wurden. Ich kam mir wirklich wie eine kleine Henne vor. Was einmal so schön war, war unwiederbringlich vorbei. Das Loch tat sich wieder auf und ich tastete mich im Dunkeln nur noch meinen Grenzen entlang. Ich war am Ende der Fahnenstange angelangt und der Halt war erst wieder da, als ich das einsah.

Der Abstieg zur wahren Freude

Die kleine Henne verließ die Bühne. Beim nächsten Pfingstkapitel, Franz war achtunddreißig Jahre alt, legte er zur Überraschung aller die Leitung des Ordens zurück. In den dramatischen Worten, mit denen er seinen Entschluss einleitete, steckte viel vom persönlichen Schmerz, der hinter ihm lag. In Zukunft bin ich für euch ein Toter, verkündete Franz. Gleichzeitig stellte er Peter Cattani als den neuen Generalminister vor, dem in Zukunft alle Brüder, er eingeschlossen, gehorchen sollen. Zur Bekräftigung verneigte er sich vor Bruder Peter und versprach ihm seine Ehrerbietung.

Die Brüder waren entsetzt. Damit hatte keiner gerechnet. In den allgemeinen Jammer, der sich erhob, mischte sich bei einigen wohl auch das schlechte Gewissen. Der formelle Verzicht auf die Ordensleitung war aber mehr als nur innere Resignation. Noch einmal hielt Franz seinen Brüdern durch diesen Akt einen Spiegel vor. Diskussionen über seinen Entschluss ließ er wie gewohnt keine zu, denn da gab es nichts zu diskutieren. Er setzte eine Tat und so war es. Umso mehr dürfte den Brüdern die Sache nachgegangen sein. Es blieben Fragen, mit denen sie selber fertig werden mussten; und doch hatte er die Antwort bereits vorgemacht.

Peter Cattani verstarb nach einigen Monaten und beim folgenden Pfingstkapitel setzte Franz Elias von Cortona als dessen Nachfolger ein. Das Wort Generalminister mag für heutige Ohren etwas hochtrabend klingen, doch damals bediente man sich noch des Lateinischen und da heißt Minister nichts anderes als Diener. Zusätzlich zum

Generalminister gab es in den verschiedenen Ordensprovinzen in Europa und im Orient auch noch Minister, denen die Leitung der jeweiligen Provinz oblag. Als es nicht mehr möglich war, dass alle Brüder des Ordens sich zum Pfingstkapitel in der Portiunkula trafen, waren es vor allem die Provinzminister, die jährlich zu Pfingsten dort zusammenkamen.

Auch wenn Franz die offizielle Leitung abgegeben hatte und seinen Gehorsam gegenüber dem jeweiligen Oberen beteuerte, blieb er doch die spirituelle Autorität. Einmal saß er zu Füßen des Generalministers und zupfte ihn an seiner Kutte. Elias beugte sich nieder und fragte nach seinem Wunsch, den der Generalminister dann mit den Worten verkündete: Brüder, also spricht der Bruder. Wenn es um die Auslegung und die Befolgung der Regel ging, war Franz immer noch die letzte Autorität. Nur wollte er sich nicht mehr damit abmühen. Doch ganz blieb es ihm noch nicht erspart.

Mit der Ausbreitung des Ordens im Laufe der Jahre tauchten immer wieder neue Fragen auf, die jeweils bei den Pfingstkapiteln geklärt wurden. Zur ursprünglichen, kurzen Ordensregel, die Papst Innozenz III. bestätigt hatte, kamen Jahr für Jahr weitere Beschlüsse und Regelungen. Es waren pragmatische Anpassungen an Umstände, die anders waren als zu Beginn. Für Franz waren es lästige Notwendigkeiten und es wäre ihm lieber gewesen, man hätte sie nicht gebraucht. Inzwischen waren sie zu einem unüberschaubaren Sammelsurium angewachsen und Franz war wieder zu etwas gezwungen, das so gar nicht in seine Denkweise passte. Es galt, das Ganze in eine umfassende Ordensregel zusammenzufassen, um sie vom Papst erneut und diesmal schriftlich bestätigen zu lassen.

Das IV. Laterankonzil von 1215 hatte vorgesehen, dass sich neue Orden einer Regel der bestehenden Orden anzupassen hätten. Der Kardinalsprotektor versuchte nun, unterstützt von den angepassteren Brüdern, Franz eine dieser Regeln aufs Auge zu drücken. Doch das kam schon gar nicht in Frage. Es waren vor allem die studierten Brüder, die hinter diesem Ansinnen steckten, und auch der Pragmatiker Elias dürfte damit spekuliert haben. Angepasst war Franz nie, pragmatisch dachte er ebenso wenig und studiert hatte er schon gar nicht. Was er hatte, war ein klarer Auftrag, und dessen Absender war eindeutig. Noch einmal musste er kämpfen um Dinge, die für ihn außer Diskussion standen. Er kämpfte und er wurde energisch dabei.

Der Kardinal und die besagten Brüder legten ihm auf dem Generalkapitel die Regeln Bernhards, Benedikts und des Augustinus vor mit dem Wunsch, er möge sich doch von ihnen leiten lassen. Der Kardinal selber versteckte sich hinter den Brüdern, wenn er meinte, Franz solle doch dem Rat der weisen Brüder folgen. Franz sprach Klartext. Gott selber und niemand anders habe ihm diesen Weg der Einfachheit gezeigt. Da war keine Rede von Benedikt oder Bernhard oder sonst wem. Der Auftrag des Herrn habe gelautet, er solle ein neuer Narr sein in der Welt. In Richtung der Studierten setzte er nach, dass Gott sie durch ihre Klugscheißerei bestrafen werde. Das saß. Der Kardinal schwieg und die Brüder zitterten in ihrer Betroffenheit.

Franz hätte lieber als Henne die Küken um sich geschart, als eine neue Regel zu erlassen, und doch blieb es ihm nicht erspart. Zusammen mit einem bibelkundigen Bruder machte er sich an die Arbeit. Da waren die Ur-Regel und die späteren Beschlüsse, die er zusammenfasste und mit spirituellen Ermahnungen versah. Dem Bruder oblag es, den gesamten Text durch Bibelzitate zu ergänzen, damit der Bezug zum Evangelium umso deutlicher gegeben war. Das Schlusswort war wuchtig: Ich befehle, dass niemand von dem, was in dieser Lebensordnung geschrieben ist, etwas streiche oder ihr etwas Weiteres schriftlich hinzufüge, sowie auch, dass die Brüder keine andere Regel haben sollen.

Nach dieser Arbeit machte sich Franz auf zu einer weiteren Predigtreise durch Italien, um endlich wieder dem zu dienen, wofür er eigentlich da war. Zu seinem Leidwesen war die Sache aber nicht abgeschlossen, denn der neue Papst verweigerte der vorliegenden Regel seine Bewilligung. Die Weigerung war aber weniger ein Akt amtskirchlicher Boshaftigkeit, sondern hatte – wieder einmal – praktische Gründe. Die zweite Regel war einfach zu wenig Regel. Sie war zwar gut gemeint, aber für ihren Zweck zu wenig brauchbar. Sie war zu lang, zu predigthaft, zu wenig juridisch. Zu einem Drittel bestand sie aus Bibelzitaten, als hätte der Mann aus Assisi das Evangelium gepachtet, dürfte sich mancher in Rom gedacht haben. Franz hatte versucht, einen spirituellen Text zu verfassen, mit dem er leben konnte, einen Text, der seiner Mentalität entsprach und der eben deshalb kein gesetzliches Regelwerk war.

Von neuem blieb ihm gerade das, was er nicht wollte, auch nicht erspart. Knapp zwei Jahre später zog er sich wohl oder übel in die Einsiedelei Fonte Colombo zurück, um das zu tun, was ihm widerstrebte, was in seinen Augen eigentlich nicht nötig sein sollte. Immer noch machten einflussreiche Brüder von hinten Druck, weil sie befürchteten, die Regel würde zu streng ausfallen. Vermutlich hatte auch Bruder Elias, der Generalminister, seine Finger mit im Spiel. Nicht, dass Franz sich breitklopfen ließ, aber es war eine mühsame und zweifellos ungeliebte Arbeit, bei der ihn Rechtsexperten der römischen Kurie unterstützten. Noch im selben Jahr, einen Monat vor Weihnachten 1223, bestätigte Papst Honorius III. die endgültige Regel. Franz konnte zwar noch in den Spiegel schauen. Doch den Visionär quälte der Zwang des Machbaren, den Idealisten jeder Kompromiss. In Fonte Colombo dachte er öfters mit einiger Sehnsucht an die frühere Zeit.

In diesen Jahren zog sich Franz zunehmend aus der Öffentlichkeit zurück und verbrachte immer mehr Zeit in seinen Einsiedeleien. Nur die engsten Brüder waren bei ihm, meist solche aus den frühen Tagen. Auf ihre Begleitung war er schon deshalb angewiesen, weil er im Grunde sehr krank war. Das Wechselfieber plagte ihn, die Augen schmerzten und tränten und auch sonst hatte er ja seinen Bruder Esel ordentlich geschunden. Die Einsiedeleien waren immer schon seine zeitweiligen Rückzugsorte, doch nun wurde es zunehmend ein grundsätzlicher Rückzug, vom Orden, von einer Entwicklung, die er nicht mehr aufhalten konnte, von all den Veränderungen und Anpassungen, von den vielen praktischen Notwendigkeiten und auch von der vereinnehmenden Begeisterung, die ihm überall entgegengebracht wurde. Die Rückzugsorte wurden in den letzten, schmerzhaften Lebensjahren zu seinen Fluchtpunkten.

Franz: Ungern kommentiere ich die Ereignisse dieser Jahre und werde es auch nicht tun. Es war ein schmerzhafter Weg, der mich auf seine Weise wieder zu mir führte. Es war der Abstieg, den ich gehen musste und ging. Es waren Wunden, die mir das Leben schlug. Aber der Weg führte mich ins Wesentliche, anders zwar, als ich mir es erträumt hatte. Traumhaft war nichts mehr, aber für mich war es die reifste Zeit. Sie gehörte mir und ich gehörte mir wie schon lange nicht mehr. Daran änderte auch meine Gebrechlichkeit nichts.

Für mich war es eine sehr innerliche Zeit. Es waren sehr persönliche Dinge, die mir in meinen letzten Lebensjahren wichtig waren. Viel Zeit verblieb mir ja nicht. Es fällt mir nicht leicht, das zu schildern, und manches möchte ich auch für mich behalten. Die Freude war mir phasenweise wirklich vergangen. Die Abgabe der Ordensleitung war ein Schritt, den ich selber setzte, und das hat mir gut getan. Es war ein wichtiger und aktiver Schritt, nicht nur eine Verzweiflungstat. Ich hatte plötzlich wieder ein Geländer, etwas Boden unter den Füßen und es machte mich frei. Dann kam allerdings das Theater mit den Ordensregeln, und diesen Kelch konnte ich nicht an mir vorübergehen lassen. Auch wenn es mich manchmal die ganze Kraft kostete, hätte ich mich selber verraten, wenn ich mich dieser Prozedur nicht ausgesetzt hätte.

Immer wieder habe ich mich gefragt, wo denn die Freude blieb, die mich sogar überkam, als ich den Aussätzigen umarmte. Eines Nachts diktierte ich Bruder Leo, der mir sehr nahe stand und der in den letzten Jahren meistens um mich war, eine Geschichte. Ich fragte ihn, ob er wisse, was die wahre und vollkommene Freude sei. Er zuckte mit den Achseln und griff bedeutungsvoll nach dem Schreibzeug. Ich hatte eine Ahnung, ein helles und unerwartetes Licht im Dunkel. Es verfolgte mich schon seit Wochen, aber es blieb immer irgendwie diffus. Als ich mich Bruder Leo zuwandte, wurde es mir immer deutlicher, und als ich begann zu diktieren, gab sich Wort für Wort.

Schreib, sagte ich zu ihm, wenn alle Professoren der Universität in Paris unserem Orden beitreten, ist es nicht die wahre Freude. Leos Feder kratzte nur noch, er kam gar nicht zum Nachdenken. Und wenn alle Äbte, Prälaten und Bischöfe in Deutschland, Frankreich und England unserem Orden beitreten würden, ist es nicht die wahre Freude. Leo stöhnte, weil er mit dem Schreiben kaum nachkam, und stellenweise klang es schon, als ob ein enttäuschter Seufzer darunter war. Und wenn der König von Frankreich, diktierte ich weiter, und der König von England unserem Orden beitreten würden, ist es nicht die wahre Freude. Leo schrieb und schrieb und als er glaubte, ich würde ihn nicht sehen, verdrehte er sogar ein Auge. Und wenn unsere Brüder sogar die Muslime bekehrten, Leo ahnte schon, was kommen würde, und schrieb bereits weiter. Und wenn ich von Gottes Gnade wie Christus Kranke heilen und Wunder wirken könnte, so ist es nicht die wahre Freude. Leo schien der Verzweiflung nahe.

Was ist denn die wahre Freude?, rief er verzweifelt. Wenn ich im Winter in tiefer Nacht, fuhr ich fort, von weit her zur Portiunkula komme, schmutzig und durchfroren, das Eis am Saum meiner Kutte schlägt mir gegen das blutende Schienbein … Leo schaute mich mit großen, fragenden Augen an. Wenn ich dann an die Pforte komme und klopfe und nach langem ein Bruder durch den Türspalt fragt, wer denn da sei, und ich antworte: Bruder Franz, und, Leo kam mit dem Schreiben kaum nach, der Bruder dann antwortet: Geh hin, wo du herkommst, um diese Zeit geht man nicht aus. Wenn ich dann flehentlich um Einlass bitte und sich der Bruder nicht erweichen lässt … Leo bekam keine Luft mehr und ich ließ ihm eine Pause, damit er wenigstens mit dem Schreiben nachkommen konnte. Er starrte mich an, als er so weit war und auf die Lösung wartete: Ich sage dir, Bruder Leo, wenn ich dann Geduld habe und nicht erregt werde, ist es die wahre und vollkommene Freude. Leo konnte kaum mehr schreiben.

Vielleicht ist es der verrückteste Gedanke, den ich je in meinem verrückten Leben hatte. Auch für mich war dieser Gedanke nur eine Richtung, ein Weg, den ich selber nur manchmal zu gehen im Stande war. Aber ich hatte diese Momente der wahren Freude. Sie waren nicht vergleichbar mit den früheren Freuden über etwas Gelungenes. Es war ein Punkt, an den ich erst kommen musste. Vielleicht lässt du dich in Gedanken einmal ein auf dieses verrückte Experiment. Es kann innerlich frei machen.

Die wahre Freude, wie ich sie erlebt habe, sind die Ruhe des Geistes und der Friede des Herzens, die nicht mehr von äußeren Umständen abhängen. Es ist die Freiheit, die du erfährst, wenn du dich von äußeren Bedingungen lossagst. Vielleicht ist es keine Botschaft für junge Männer, die den Aufstieg vor sich haben, aber es kann ein Weg sein für Männer, die in der Lebensmitte wie ich plötzlich vor der Frage stehen: War es das? Es kann eine Richtung sein für Männer, die auf einmal spüren, dass Erfolg, Anerkennung, Ansehen, Zulauf und Macht nicht die wahre Freude sind, dass diese Dinge eines Tages plötzlich nicht mehr tragen.

In unserem Eifer verklären wir manchmal das Leben und kleben daran. Dann kommen eines Tages schmerzhafte Erfahrungen, Ungerechtigkeiten, der ausbleibende Lohn für die eigenen Leistungen. Meistens leisten wir daraufhin nur umso mehr, weil das Leben doch gerecht sein muss. Aber wer hat je gesagt, dass das Leben gerecht sei? Diese Fiktion machen wir uns selber. Das Leben ist das Leben und manchmal ist es auch verkehrt herum gestrickt. Manche verfallen dabei in Selbstmitleid, beklagen die Welt und die Menschen oder suchen nach Schuldigen. Dann treffen sie auch noch jemand, der verkündet, dass man sich immer gut fühlen müsse, worauf sie alle unmöglichen Dinge probieren, die nichts nützen oder nur ablenken.

Spätestens zur Lebensmitte erkennen wir Männer, wenn wir ehrlich sind, dass es nicht immer nur aufwärts gehen kann, dass Leistung und Erfolg nicht alles sind, dass die kühnen Träume zwar ein Antrieb sind, aber nicht die Wirklichkeit, dass das Leben links, rechts, durcheinander und mit Löchern gestrickt ist. Wir können daran reifen, verzweifeln oder läppisch darüber hinwegstolzieren. Zu reifen, heißt immer auch, anzuerkennen, was ist. Die Welt ist nicht nur dafür da, dass es uns gut geht. Wir sind ein Teil von etwas, aber die Erde dreht sich nicht um uns. Der Weg zur wahren Freude, wie ich ihn beschrieben habe, ist nur eine Richtung, kein Erfolgsrezept. Aber ist es besser, als sich an das zu klammern, was keinen Bestand hat.

Mir wurde in diesen Tagen klar, dass ich von vielem Abschied nehmen musste. Nicht das versuchte Martyrium, nicht die misslungene Bekehrung der Heiden oder des Sultans, nicht die immense Ausbreitung des Ordens, nicht das hohe Ansehen in der Kirche und in der Bevölkerung, nicht die verantwortungsvolle Leitung einer großen Gemeinschaft und schon gar nicht die Verehrung seitens der eigenen Brüder waren meine wahre Freude. Was ich in den letzten Jahren meines Lebens bei aller Krankheit erlebte, waren ganz persönliche Momente eines tiefen Glücks. Es war nicht das, was mir im jungen Eifer vorschwebte, aber es war das, was mein Leben glücklich beschloss.

Der Mann und das Kind

Ende des Jahres 1223, Franz war gegen zweiundvierzig Jahre alt, erfand er in der Einsiedelei Greccio das Weihnachtsfest. Nicht, dass es vor ihm keine Weihnachten gegeben hätte, aber in unserer Form geht die Feier des Festes auf ihn zurück. Ohne ihn gäbe es keine Krippen, keine Krippenfeiern und Weihnachten wäre wohl nicht der religiöse Höhepunkt im Leben des Volkes, auch wenn die studierten Theologen nicht müde werden zu beteuern, dass doch Ostern das höchste Fest sei, die Feier der Auferstehung. Sie liegen nicht falsch, und doch …

Franz hatte schon drei Jahre zuvor die Ordensleitung abgegeben und vor einigen Wochen hatte der Papst auch die endgültige Regel genehmigt. Diese Dinge waren also erledigt. Franz war bereits sehr krank, schlafen konnte er wegen seiner Augen nur noch im Sitzen. Greccio war ihm immer schon ein lieber Ort, weil er hier in der einfachen Bevölkerung jenen Widerhall fand, den er bei manchen Brüdern vermisste. Die Ortschaft liegt auf einem Hügel über dem Rietital, einen halbstündigen Fußmarsch von der Einsiedelei entfernt, die an einem Felsen über dem Tal klebt. Oft kamen am Abend die Menschen aus Greccio herüber zur Einsiedelei, um mit den Brüdern die Vesper zu singen. Hier fühlte Franz sich wohl.

Was er in Greccio vorhatte, war kein Spontanereignis, sondern eine wohl vorbereitete Sache. Einen frommen Mann aus dem Ort namens Johannes betraute er mit den Vorbereitungen. Er wollte – drei Jahre vor seinem Tod – das Weihnachtsfest in besonderer Weise feiern. Er wollte sehen, woran er glaubte, wollte sichtbar machen, worauf sein Leben gründete. Franz war ein sinnlicher und ein konkreter Mensch, der sehen, spüren und erleben wollte, woran er glaubte. Es ging ihm um Christus als menschgewordenen Gott, und den wollte er, wie er sagte, so greifbar als möglich mit leiblichen Augen schauen, denn schließlich wurde er ja Mensch. Franz war naiv im besten Sinn. Mit trockenen Sätzen und abstrakten Dingen konnte er nichts anfangen. Woran er glaubte, hatte Gestalt und musste wieder Gestalt bekommen.

Es nahte der Tag. Viele Brüder kamen aus anderen Niederlassungen. Die Männer und Frauen aus Greccio strömten mit Fackeln und Kerzen herbei. An der Grotte hatte Franz alles vorbereiten lassen, eine Krippe mit Heu, Ochs und Esel an beiden Seiten. Die Nacht wurde hell wie der Tag im Schein des Feuers, das die Menschen mitbrachten. Man sang und die Felsen oberhalb der Einsiedelei erschallten wider von den Stimmen. Ein Priester feierte das Hochamt, während Franz weinend bei der Krippe stand und die Brüder sangen, was die Kehle hielt. Franz ließ es sich nicht nehmen, mit wohlklingender Stimme das Evangelium zu lesen. Es trug ihn weg, als er danach in fließendem Übergang zum Volk predigte. Wenn er vom Jesuskind sprach, leckte er mit der Zunge die Lippen, als wollte er den Namen selbst verkosten und schlürfen. Wenn er das Wort Bethlehem aussprach, blökte er wie ein kleines Lämmlein. Er war außer sich. Die Gesänge wurden immer und immer wiederholt und es dauerte lange, bis man die nächtliche Feier beschloss und die Menschen in seliger Freude nach Hause gingen.

Damit begannen unsere Weihnachtsfeiern. Glaube war für Franz immer etwas Konkretes. Er brauchte und inszenierte sinnliche Zeichen dafür. Die Nacht in Greccio war eine religiöse Performance. Franz ging es nicht um einen geistigen oder gar kosmischen Christus, sondern um einen, den er, in seinen eigenen Worten, so greifbar als möglich mit leiblichen Augen schauen konnte. Bei aller sonstigen Kargheit scheute er nicht zurück vor derart gemüthaft-sinnlichen Zeichen seines Glaubens. Dem trockenen Gebäude der Theologie setzte er religiöses Gefühl und Erleben gegenüber. Er wollte körperlich sehen, spüren und erleben, woran er glaubte. Er wollte sich Jesus buchstäblich auf der Zunge zergehen lassen.

Einmal fiel das Weihnachtsfest auf einen Freitag, an dem normalerweise Fleischverbot angesagt war. Einige Brüder machten sich schon Sorgen, ob der gute Franz da nicht zu weit gehen würde. Ein besonders eifriger Bruder wandte sich deshalb dienstbeflissen an ihn und brachte vorsichtig hervor, dass heuer Weihnachten doch auf einen Freitag falle und man demnach kein Fleisch essen dürfe. Franz fiel ihm ins Wort: Bruder, du sündigst, wenn du diesen Tag Freitag nennst. Darauf verkündete er hoheitsvoll: Ich will, dass an diesem Tag sogar die Wände Fleisch essen, und wenn sie es nicht können, sollte man sie zumindest damit bestreichen! Da gab es kein Pardon, wenn es um Weihnachten ging.

So sehr es Franz um den gekreuzigten Christus und seine Leiden ging, spannte er in Greccio einen Bogen zur Geburt des Herrn. Ein Bruder scheint ihn darauf angesprochen zu haben und die Antwort war, dass uns der Herr nicht hätte erlösen können, wenn er nicht geboren wäre. Sein Dank und Mitgefühl galt dem menschgewordenen Christus und Franz war klar, dass im Leben Geburt und Tod zusammengehören. Dem älter werdenden Mann wurde das Kind zunehmend wichtig, das er in der besagten Nacht inszenierte. Was er in dieser Weihnacht zelebrierte, war seine persönliche Herzensangelegenheit. Die Brüder, die dabei waren, und die Menschen von Greccio waren seine Freunde. Greccio lag fernab von der Portiunkula. Franz war ganz bei sich.

Franz: Das Sinnliche im Glauben war mir immer wichtig. Aufgeklärte Männer werden da ihre Mühen mit mir haben, aber abstrakte Dinge allein waren mir immer zu wenig. Gestandene Männer weinen manchmal zu Weihnachten, auch wenn sie dann gleich nicht mehr wissen, wie sie tun sollen, oder sich sicherheitshalber einen ansaufen. Auf die Rührung folgt dann die Peinlichkeit. Aber im Evangelium heißt es: Wenn ihr nicht werdet wie die Kinder. Wenn wir das Kind in uns nicht pflegen, werden wir zu schnell alt. Warum soll unser Glaube nicht auch kindliche, naive Gestalten annehmen? Vom trockenen Gerede konnte ich mich nie ernähren. Manche Männer dürften vom erhabenen Thron der Vernunft ruhig hin und wieder herabsteigen. Sie würden ganz neue Erfahrungen machen. Warum haben Männer gerade in religiösen Dingen oft so viel Angst?

Viele Männer tun sich überhaupt schwer mit Gefühlen. Sie spüren zwar deren elementare Wucht in sich, aber sie können sie nicht einordnen, und das macht ihnen Angst. Sie haben Angst, sie könnten die Gefühle nicht kontrollieren oder gar sich selber nicht mehr im Griff haben. Das wäre für sie wahrscheinlich das Schlimmste. Dann wird vieles zubetoniert oder ertränkt. Mir geht es nicht um Gefühlsduselei. Gefühl ist nicht gleich Gefühl und auch Tränen können lügen. So viel ist mir schon klar. Aber wenn Männer in sich aufmerksam sind, werden sie die Unterschiede gut erkennen. Schließlich sind Wut und Zorn ja auch Gefühle, selbst wenn einige meinen, es wären keine ordentlichen, weil sie nicht so schön sind. Auch Wunden und Verletzungen sind wichtige Empfindungen, die Männer ernst nehmen sollten. Die Frage der Gefühle ist nicht, ob sie genehm oder willkommen, sondern ob sie echt sind.

Der Kopf allein ist noch lange nicht der ganze Mann. Gefühlvolle Männer, nicht die weinerlichen Gefühlsdusler, vermitteln emotionelle Geborgenheit und Sicherheit gleichzeitig. Sie wissen mit ihren Gefühlen umzugehen und können sich auch einmal gehen lassen. Dabei gewinnen sie nur und verlieren nichts. Männer, die ihre Gefühle immer unter Verschluss halten, vertrocknen irgendwann. Sie werden sich auf Dauer selber fremd und schneiden sich ab vom Lebendigen. Sie haben keinen gemüthaften Zugang zu dem, was sie tun, und im Grunde können sie auch mit sich selber nicht mehr viel anfangen.

Wenn Männer um Gefühle und Empfindungen einen Bogen machen, ist es falscher Selbstschutz. Sie bekommen nicht mehr, was sie brauchen, wenn sie alles mit dem Beton der Stärke zudecken. Sie schützen sich vor dem, was ihnen helfen könnte. Vielleicht ist es in den religiösen Dingen ähnlich. Da glauben richtige Männer einen besonders großen Bogen machen zu müssen. Das ist nur etwas für Schwächliche oder solche, die das brauchen. Selbst ist der Mann, was brauchen sie einen anderen. Viele Männer haben Angst, die Dinge nicht mehr selber kontrollieren zu können. Aber so ist das Leben einmal. Wir können nicht alles kontrollieren. Sonst gehen wir kaputt dabei. Wir sind immer gleichzeitig auch das Kind und auch bedürftig. Wohl dem Mann, der das weiß. Er kommt nicht zu kurz und er weiß, dass er sich dem Fluss überlassen darf, geschweige denn dem Fluss des noch Größeren.

Hände und Füße schmerzten

Viele Jahre zuvor schenkte Graf Orlando von Chiusi, nachdem er Franz in einer begeisterten Predigt gehört hatte, seinem großen Vorbild den Berg La Verna. Er sollte für ihn eine Stätte der Einsiedelei werden. Wie gehabt war Franz sehr anspruchsvoll, was seine Rückzugsorte anbelangte. Er ließ erst durch zwei Brüder prüfen, ob der Ort seinen diesbezüglichen Erfordernissen entsprach. Er tat es.

La Verna liegt hoch in den Bergen der nordöstlichen Toskana, nahe an der Quelle, aus dem Tiber und Arno entspringen. Ein rauer Felsrücken trennt in der Nähe des Ortes die beiden Bäche, bevor sie zu geschichtsträchtigen Flüssen werden. Unterhalb des Monte Penna befindet sich eine Felsplatte, hart am Abgrund über dem Pfad, den die Einheimischen mit ihren Mauleseln begingen. Weitab von der Welt in wagemutiger Höhe liegt der Felsen, um den ständig eine Wolke kreist. Jede Idylle ist hier gebrochen, sogar das Wetter kann von Stunde zu Stunde wechseln auf diesem Berg. Unberechenbar und faszinierend gleichzeitig war La Verna ein Ort, nach dem sich Franz in dieser Zeit sehnte. Hier war er weit weg vom Orden, von der Bevölkerung, von Rom, von allem, was ihn zu Dingen zwang, die er nicht wollte.

Im Spätsommer des Jahres 1224, er war zweiundvierzig Jahre alt, zog sich Franz zum so genannten Michaelifasten auf diesen Berg zurück. Der Anlass war mehr Vorwand, denn er hatte Sehnsucht nach Ruhe, Stille und Abgeschiedenheit. Hier oben störte ihn niemand mehr. Hier war er allein, inmitten der Natur, und hier hoffte er, aufs Neue Gottes Nähe zu erleben. Was Franz auf La Verna erlebte und durchlebte, ist umso mehr sein privater Akt, der es nicht verdient, ins Licht des Spektakulären gezogen zu werden. Das taten andere nach seinem Tod zur Genüge.

Hierher zog er sich Ende August zurück in die Kühle und Abgeschiedenheit seiner Einsiedelei. Zwei oder drei Brüder lebten dort oben und Bruder Leo, der ihm besonders nahe stand, kam mit ihm. Aus Brettern und Ästen hatten sie sich einfache Hütten gemacht. Leo saß Stunden, Tage, Nächte oben auf dem Felsen, während sich Franz in der Tiefe unter einem vorspringenden Felsen seinen Betrachtungen widmete. Leo hätte verzweifeln können. Er machte gerade eine schwierige Zeit durch mit einigen Zweifeln und hatte sich hilfreiche Gespräche erhofft. Er freute sich auf die gemeinsame Zeit mit Franz und nun hatte er nichts davon. Von Zeit zu Zeit durfte er ihm Wasser und etwas zu essen bringen, und auch das nur nach einem vereinbarten Signal. Nicht selten vergaß Franz auf das Essen. Franz war für sich allein. Dabei hätte Leo ihn so gebraucht.

Bruder Franz spürte es trotzdem, denn Leo stand ihm nahe. Eines Tages übergab er ihm ein kleines Stück Pergamentpapier, auf das er einen Segen aus dem Alten Testament geschrieben hatte: Der Herr segne und behüte dich. Er zeige dir sein Angesicht und erbarme sich deiner. Er wende dir sein Antlitz zu und schenke dir den Frieden. Etwas abgesetzt darunter hatte Franz geschrieben: Der Herr segne dich, Bruder Leo. Auf der Rückseite des Pergaments fand Leo einen Lobpreis Gottes, das euphorische Bekenntnis eines Gott-Verliebten. Er faltete den Zettel und heftete ihn von innen an seine Kutte, wo er das Pergament bis an sein Lebensende trug. Leo war in einer Krise und besonders bedürftig in diesen Tagen auf La Verna. Wenn ihm sein Bruder schon nicht zur Verfügung stand, so hatte er nun zumindest dieses trostreiche Papier.

Franz lag über Tage und Nächte auf einem Felsen, vertieft in die Betrachtung der Leiden Christi. Nach dem sinnlichen Weihnachtsfest in Greccio ging es nun um die andere Seite. Sie sollte für ihn nicht weniger konkret werden. Über Tage aß er kaum mehr etwas und auch zum gemeinsamen Stundengebet erschien er nur selten. Den Brüdern war klar, dass sie ihn in Ruhe lassen mussten. Es waren lange, einsame und intensive Tage und Nächte, die Franz auf La Verna verbrachte, Stunden, in denen er manche Vision durchlebte. Jetzt war er auf sich allein gestellt, aber anders als damals in den frühen Jahren. Noch einmal begegnete ihm der Gekreuzigte, doch diesmal renovierte er keine Kirchen mehr. Diesmal war es sein eigenes und inneres Erleben.

Franz empfing die Wundmale des Herrn. So wollen wir es einmal stehen lassen. Skeptiker und Voyeuristen machten sich immer schon über dieses Ereignis her, und umgekehrt trat es der eigene Orden, beginnend mit Bruder Elias, breit über alle Maßen. Was sich auf La Verna ereignete, war seine eigene Sache. So wollte er es gehandhabt wissen. Bis zu seinem Tod bekam die Stellen kaum ein Bruder zu sehen, und Franz tat alles, um sie zu verbergen. Die Ereignisse in La Verna waren sein ganz persönlicher Akt, weder beispielhaft noch nützlich für andere, wie er erklärte. Sogar in den Akten seiner Heiligsprechung tauchen sie nicht auf. Die Kirche hatte in solchen Dingen immer schon einen bodenständigen Instinkt. Es war eine andere Maschinerie, die daraus eine öffentliche Sache machte.

In seiner Vision war es ein Engel, der ihm erschien, mit sechs Flügeln, der in der Mitte einen Gekreuzigten barg. Zwei Flügel breiteten sich aus zum Flug, zwei erhoben sich in die Höhe und zwei verdeckten den Körper des Gekreuzigten. Franz war von Sinnen. Er sah die Schönheit der Erscheinung und er sah die Schmerzen des Gekreuzigten. Freude und Leiden rangen in ihm, als er sich wie ohnmächtig erhob, traurig und freudig zugleich. Selten war er so ratlos, als ihm die Hände und Füße schmerzten. Franz war außer sich. Er erlebte in jeder Faser seines Körpers das Ereignis, mit dem er sich so restlos identifizierte. Als später einmal ein Bruder seine Füße sah und fragte, was das sei, antwortete Franz: Kümmere dich um deine Sache.

Franz: Ich weiß schon, warum ich mein Erleben in La Verna für mich behalten wollte. Nichts tut die Bosheit lieber, als die Reinheit anzuschwärzen, und die Bigotten, die sich die Reinheit an die Fahnen heften, schaden ihr dadurch nicht weniger. Nicht erst heute leben wir in einer Welt von Voyeuristen. Es gibt nichts Persönliches und Privates mehr und alles wird durch den Kakao der Öffentlichkeit gezerrt. Je mehr das Wesentliche schwindet, umso mehr weidet man sich am Belanglosen oder am Sensationellen. Ob meine Wundmale jetzt echt sind oder nicht, das hat viele interessiert, und umgekehrt meinten die Frommen, sie kämen schneller in den Himmel, weil sie an Wundmale glaubten.

Statt sich dem eigenen Leben zu stellen, schnüffelt man lieber in den Unterhosen anderer herum. Die Religion und die Kirche scheinen sich da heute besonders anzubieten. Die Menschen suchen Ausreden. Sie ergreifen alles, was sie davon ablenkt, selbst in den Spiegel schauen zu müssen. Es sind immer die anderen, die als Entschuldigung für das eigene Leben herhalten müssen. Die entscheidenden Fragen werden nicht mehr gestellt. Stattdessen weidet man sich an den Skandälchen anderer. Doch die Fragen bleiben, für die Voyeuristen wie für die Frommen, egal, was angestellt wird, sie zu verdrängen: Wie lebst du selber? Wem dienst du? Was sind deine Werte? Und wie gelingt es dir, sie zu leben? Es würde vieles anders aussehen, würden wir uns alle zuerst um unsere eigene Sache kümmern, uns zuerst selber bei der Nase nehmen. Das ist der Kern der spirituellen Wahrhaftigkeit.

Das Lied von Schwester Sonne

In seinen Gedanken war Franz frei, demütig und leidenschaftlich zugleich. Sein Körper jedoch plagte ihn zunehmend. Bruder Esel war jener Teil, dessen Abstieg rapid ging. Selbst verschuldet und auch nicht, der Raubbau am eigenen Leib und die Krankheiten der Orientreise – seine Nächte wurden dunkler und die Tage glichen immer mehr den Nächten. Was er auch versuchte, es wurde immer mühsamer, und allein die Bewältigung der Schmerzen kostete ihn viel von seiner Kraft. Geist und Körper rangen miteinander. Der eine wünschte und wollte mit aller Leidenschaft, während der andere nicht mehr konnte, sich zunehmend am Ende sah, litt und duldete. Die Bewegungen wurden immer schmerzhafter, und sehen konnte er nur mehr, wenn es die Tränen und der Eiter in den Augen zwischendurch zuließen. Um den Körper hatte sich Franz nie gekümmert, doch nun holte er ihn ein. Er setzte ihm nicht nur klare Grenzen, sondern zwang ihn wie noch nie, sein körperliches Dasein ernst zu nehmen.

Im Frühjahr 1225 verschlimmerte sich nicht nur das Augenleiden, sondern sein gesamter körperlicher Zustand. Der Kardinalsprotektor drängte ihn immer mehr zu einer Augenoperation und Bruder Elias, dem er sogar Gehorsam gelobt hatte, schloss sich dem Kardinal an. Du tust nicht gut daran, wenn du dir nicht helfen lässt, meinte der Kardinal. Für ihn und die Brüder sei seine Gesundheit wichtig, und wenn er es nicht anders einsehe und glaube, hart bleiben zu müssen, dann werde er es ihm eben befehlen. Der Generalminister schloss sich den Befehlen an und Franz begab sich in das Rietital, wo die besten Ärzte der römischen Kurie ihn behandeln sollten. Es waren die besten und die Absichten der Befehlenden ebenso, aber es wurde letztendlich bloß ein ärztliches Martyrium.

Mit einigen der vertrautesten Brüder begab er sich im Frühjahr 1225, er war damals dreiundvierzig Jahre alt, in das Rietital im nördlichen Latium. Noch waren die Ärzte nicht da und noch war es zu kalt. Das Wetter wäre für die Heilung nicht förderlich gewesen. Bei einem verarmten Landpriester fanden sie Unterschlupf. An seine ärmliche Wohnung angrenzend hatten die Brüder einen rußgeschwärzten Raum zur Verfügung, in dem sie kochten, aßen und schliefen. Das Stundengebet hielten sie in der alten Kapelle nebenan. Unterhalb des Hauses befand sich eine kleine Grotte, eine Felsnische, die sie mit Stroh abdeckten. Dort fand Franz seinen Unterschlupf. Doch diesmal war es kein Refugium mehr, in das er sich freiwillig zurückzog. Er konnte schlichtweg das Licht des Tages und den Rauch im gemeinsamen Raum nicht mehr ertragen.

Tag und Nacht hatte er in den Augen so große Schmerzen, dass er kaum mehr ausruhen und schlafen konnte. War er kurz eingenickt, weckten ihn die Mäuse, die in der verlorenen Niederlassung mehr als heimisch waren. Franz erlitt in diesen Tagen Unbeschreibliches und nicht selten überkam ihn das Mitleid über sich selbst. Er wandte sich an Gott, und wieder einmal hatte er einen Traum oder eine Vision oder beides gleichzeitig. Das war für Franz nichts Neues und es hatte immer schon funktioniert, wenn auch nicht auf Befehl, sondern auf Bereitschaft. Ständig wiederholte er einen Psalmvers, der seine Botschaft war: Herr, eile mir zu Hilfe.

Die Antwort kam zuerst verschlüsselt: Stell dir vor, jemand gäbe dir statt deiner Krankheit einen Schatz, der mehr wert wäre als alles Gold der Erde. Würdest du dich nicht sehr freuen? Franz war außer und gleichzeitig ganz bei sich. Es ging jetzt um alles. Was konnte er noch tun? Wozu sollte er noch im Stande sein? Was sollte noch möglich sein in einem Leben, das körperlich zu Ende ging? Mit Aufschwüngen war doch nicht mehr zu rechnen? Es ist doch Schluss, alles andere wäre Trug! Der Schatz war ein anderer. Die Botschaft, die Franz empfing, war eindeutig: Du kannst dich so sicher fühlen, als wenn du schon in meinem Reich wärst.

Vielleicht hat ihn nie in seinem Leben etwas so gefreut. Innerlich sang und jubilierte er, so armselig er auch in der Felsnische hockte. Er spürte seine Leiden und fühlte sich gleichzeitig stark – unbesiegbar, hätte der Ritter von damals gesagt. Dankbarkeit strömte durch seinen wunden Körper, Dankbarkeit gegenüber Gott und all seinen Geschöpfen. Er wollte singen und plötzlich dachte er in seinem finsteren Loch an die Schöpfung, an seine vielgeliebte

Natur, die er kaum mehr sehen konnte, an die Gestirne, die Sonne und den Mond, der ihn so oft in nächtlichen Stunden beschien. Es quoll über in ihm. Er lehnte sich zurück, die Melodie war da und die ersten Worte kamen: Erhabenster, allmächtiger, guter Herr. Franz litt und dichtete und immer mehr vergaß er sich selber.

Er sang, wie er immer schon wollte, dass die Brüder nicht nur predigen, sondern das Lob des Herrn auch singen. Er sang, wie er immer schon, wenn es ihm gut ging, die Lieder der Troubadours anstimmte. Er sang, wie er immer schon glaubte, er und seine Brüder müssten die Spielleute des Herrn sein. Er sang, weil er immer schon die Herzen der Menschen bewegen wollte, und er sang, weil ihm danach war. Er begann zu singen: Erhabenster, allmächtiger, guter Herr, dein sind der Lobpreis, die Herrlichkeit und die Ehre und jede Gnade. Dir allein, Erhabenster, gebühren sie, und kein Mensch ist würdig, dich zu nennen.

Franz saß in der finsteren Grotte, weil er das Licht nicht mehr ertragen konnte, und dachte an den Tag und an die Nacht. Er konnte sie kaum mehr erleben. Umso mehr traten sie vor ihn. Jeden Morgen, dachte er, sollten die Menschen Gott loben, weil er den Tag erschaffen hat, und in der Nacht wegen des Mondes und des Feuers, das uns die Nacht erhellt. Was wären wir ohne sie? Franz lehnte sich erneut zurück und die Melodie war wieder da und mit ihr die Worte: Gepriesen seist du, mein Herr, mit allen deinen Geschöpfen, zumal der Schwester Sonne, denn sie ist der Tag und spendet das Licht uns durch sich. Und sie ist schön und strahlend in großem Glanz. Dein Sinnbild trägt sie, Erhabenster. Gepriesen seist du, mein Herr, durch Bruder Mond und die Sterne. Am Himmel hast du sie gebildet, hell leuchtend und kostbar und schön. Gepriesen seist du, mein Herr, durch Bruder Feuer, durch den du die Nacht erleuchtest; und es ist schön und liebenswürdig und kraftvoll und stark.

Franz spürte seine Schmerzen nicht mehr. Er war draußen, außer sich, in der Natur, in der Schöpfung seines Gottes, dort, wo er sich immer schon wohl und nah bei ihm fühlte. Es war keine Idylle, in der er sang, sondern im Dunkel seiner Augen und in einer Nacht, in der er in seinen Schmerzen kurz vor der Verzweiflung war. Aber er hatte wieder einmal eine Antwort bekommen, eine Gewissheit, diesmal die entscheidende. Wenn er jetzt sang, war es kein schwärmerisches Naturgefühl, sondern die Antwort auf die letzte Zusage, die er erhalten hatte. Franz dankte seinem Schöpfer und kein Dank hätte tiefer gehen können. In einer der finstersten Nächte, die ein Mensch durchleben kann, geplagt von Krankheit und Leid, war er sich seiner Erlösung gewiss. Und darum sang er.

Erneut lehnte er sich zurück und wieder war die Melodie da. Er war draußen und sah den Himmel und den Wind, all das, was er nie mehr so erleben würde, und sang in der Finsternis seiner Zelle: Gepriesen seist du, mein Herr, durch Bruder Wind und durch Luft und Wolken und heiteren Himmel und jegliches Wetter, durch welches du deinen Geschöpfen den Unterhalt gibst. Gepriesen seist du, mein Herr, durch Schwester Wasser, gar nützlich ist es und demütig und kostbar und keusch. Das Wasser rann in seinem Unterschlupf bereits durch ihn hindurch. Er saß im dunklen Schoß von Mutter Erde und sang: Gepriesen seist du, mein Herr, durch unsere Schwester, Mutter Erde, die uns ernährt und lenkt und mannigfaltige Frucht hervorbringt und bunte Blumen und Kräuter.

Der Sonnengesang am Ende seines Lebens entstand im Blick auf die Erlösung. Er war der vorweggenommene Jubel und gleichzeitig der größte Trost in seiner Krankheit. Immer wieder sang er sich die Strophen vor, je mehr er körperlich litt, umso öfter und umso inniger. Er konnte seine Schmerzen vergessen, wenn er sang. Das Singen seines Liedes, die Schwingungen von Melodie und Rhythmus, das Einschwingen in den Gehalt der Strophen, es stellte ihn in einen anderen Rahmen. Franz stellte sich in den Rahmen der Schöpfung Gottes, fühlte sich verbunden mit allen seinen Wesen und stimmte ein in deren Lob des Herrn. Es half. Später, als er nicht einmal mehr singen konnte, ließ er sich das Lied von Schwester Sonne immer wieder von seinen Brüdern vorsingen.

Es half, weil es kein billiges Trostpflaster war, sondern Franz das Lied in der Gewissheit seiner Erlösung sang. Es half, weil das Lied keine schwärmerische Ablenkung war, sondern der Ausdruck jener Haltung, in der er immer gelebt hatte. Wenn Franz sich die Hände wusch, wählte er den Ort so, dass das Wasser wieder abrinnen konnte. Wenn er über einen Felsen wanderte, tat er es in Ehrfurcht vor dem Stein. Dem Bruder Gärtner hatte er angeordnet, nicht im ganzen Garten nur essbare Kräuter anzupflanzen, sondern auch den anderen einen Teil der Erde zu überlassen. Weiters sollte er auch Kräuter und Blumen nur wegen ihrer Schönheit und ihres Duftes anpflanzen. Mit den Vögeln schien er wie zu reden und öfters wagte sich ein Feldhase in seine Nähe oder ließ sich sogar von ihm streicheln. Franz war in seltener Weise verbunden mit der Natur, mit der Schöpfung seines Gottes, und in diesen finsteren Stunden, während er das Lob von Schwester Sonne sang, war er eins mit ihr.

Franz: In meiner Sprache hieß es natürlich Bruder Sonne und Schwester Mond, aber egal wie, für mich war das mit Schwester Sonne und Mutter Erde so real wie nur irgendwie möglich. In diesen Tagen, als ich bereits sehr krank war und kaum mehr etwas sehen konnte, dachte ich oft zurück an das kleine Wäldchen bei der Portiunkula, die Riedlandschaften unterhalb meiner Heimatstadt, die wogenden Weizenfelder von Rivotorto, die sanften Hügel bei Bevagna im Frühling auf der Gegenseite des Spoletotals. Die Vögel und Insekten gaben jedes Mal ein nicht enden wollendes Konzert. Es piepste, flötete und summte und ich war mitten darunter. Nicht ich habe ihnen gepredigt, sondern sie mir. Es schien mir, als würden sie ständig von ihrem Schöpfer erzählen.

Wie oft ging ich in dem Wäldchen bei der Portiunkula spazieren. Es war, wenn ich sentimental werden darf, ein Lustwandeln inmitten der Schöpfung Gottes. Ich erschrak ob jedem Zweig, der unter meinen Füßen zerbrach. Ich genoss die Stille, wurde immer langsamer, blieb manchmal stehen, lehnte mich an einen Baum, um der Sonne zwischen den Baumkronen zuzublinzeln. Jede Ameise, die mir über den Hals kroch, nahm ich auf meine Finger. Stundenlang konnte ich ihrem Treiben zuschauen und wurde ganz ruhig dabei. Wenn ich so allein in der Natur war, hat es mich immer wie verwandelt. Ich summte mit den Bienen und pfiff mit den Vögeln. Oft ertappte ich mich selber, wie ich die längste Zeit neben einem Baum stand und grundlos vor mich hin lächelte.

Die Brüder meinten, ich wäre immer ganz verzückt von solchen Spaziergängen zurückgekommen. Sie müssen gespürt haben, wie gut mir die Natur tat. Ich fühlte mich eins mit allem, mit Gott und mit mir. Ich war im Lot. Wenn ich einmal unruhig war oder mir Dinge zu viel wurden und ich nicht wusste, was ich tun sollte, zog ich mich allein zurück in die

Natur zu meinen anderen Brüdern und Schwestern. Dort fand ich bald wieder zu meiner inneren Ruhe. Nachts verklärte der Mond manchmal jedes Blatt, die Steine und das Moos schimmerten in unbeschreiblichem Glanz. Der Blick in den weiten Himmel mit seinen vielen Sternen erfüllte mich jedes Mal mit tiefer Dankbarkeit. Hin und wieder stellte ich mich an einen Baum oder auf einen kleinen Hügel, um so richtig den Wind zu spüren. Er half mir immer wieder, vieles wegzublasen. Die Natur steht euch zur Verfügung, doch dürft gerade ihr Männer nicht vergessen, dass es dabei nicht um Sport oder Leistung geht, sondern um Loslassen und Heimkommen.

Das eine oder andere Mal wurde ich in solchen Situationen auch traurig. Ich spürte dann, dass da etwas war, dass ich etwas nur vor mir hergeschoben hatte. Manchmal rannen mir Tränen über das Gesicht, der Regen, der von innen kommt und der genauso reinigen kann wie Wind und Wetter. Zuweilen habe ich auch die Herausforderung gesucht, die Grenzen vielleicht. Es waren jene Tage und Nächte in Höhlen, auf Felsplatten oder unter einem vorspringenden Stein. Es waren die weniger idyllischen Jahreszeiten, der Regen und die Kälte, der harte Fels, das Grollen des Donners, die Finsternis, Stürme und Unwetter. Dann musste ich einiges aushalten, bis ich wieder eins war mit ihnen, bis ich auch die raueren Brüder und Schwestern umarmen konnte. Aber auch sie gehörten zu mir und ich zu ihnen.

Ein letzter Versuch

Franz kauerte immer noch in seiner engen Grotte. Der Bogen des Sonnengesangs spannte sich an sein Ende und der Sänger langte bei sich selber an. Er hatte nie viel auf seinen Bruder Esel geachtet und nun saß er notgedrungen in einem dunklen Loch, zuversichtlich zwar, und pries den Herrn in seiner Schöpfung. Es war, wie es war, und es gab kein Zurück mehr. Vorerst stand ihm noch die Nagelprobe mit Bruder Feuer bevor. Als es Zeit war, seine Augen zu behandeln, brachten ihn die Brüder auf die andere Seite des Rietitals nach Fonte Colombo in die Einsiedelei, in der er zwei Jahre zuvor die endgültige Regel verfasst hatte. Er zog die Kapuze über den Kopf und die Brüder verbanden sein Gesicht zusätzlich mit einem Tuch. Die Schmerzen in seinen Augen waren so groß, dass er das Tageslicht nicht mehr ertragen konnte. Zu Pferd brachten sie ihn auf die andere Talseite. Einen solchen Luxus hätte er aufrecht verweigert, wäre er noch im Stande gewesen, einen Fuß vor den anderen zu setzen. Doch jetzt war alles anders. Drüben wartete auf ihn jener Arzt, der als besonderer Spezialist für Augenkrankheiten galt.

Er erklärte Franz, was er mit ihm vorhatte. Ständig rannen Wasser und Eiter aus seinen Augen und dies, erklärte ihm der Arzt nach seinem besten Wissen, käme von Kanälen über die Schläfen her. Deshalb müsse er ihm diese Kanäle von den Ohren über die Wangen bis zu den Brauen ausbrennen, damit der Fluss gestoppt würde. Es klang grausam und Franz zögerte. Er hatte Angst. Er wollte mit dem Eingriff warten, bis Bruder Elias, sein Generalminister, gekommen war. Elias hatte zusammen mit dem Kardinal den Eingriff angeordnet und täglich erwarteten die Brüder die Ankunft des Ordensoberen. Franz wartete, doch er kam nicht. Irgendwann erreichte sie die Nachricht, dass er wegen vieler Verpflichtungen verhindert sei. Franz und die drei, vier Brüder, die bei ihm ausharrten, waren allein bei dem, was ihm und ihnen bevorstand. Die es angeordnet hatten, waren selber ausgeblieben. Angst hatten sie alle davor.

Es war aber nicht nur der Gehorsam, sondern auch sein Zustand, weswegen er die grausame Prozedur über sich ergehen ließ. Dass sie sinnlos war und nichts nützte, wussten sie erst im Nachhinein, wissen wir aus heutiger Sicht. Nach einer Nacht, in der Franz vor Schmerzen nicht schlafen konnte, rief er seine Brüder zu sich. Er spürte, wie sie in Sorge, vielmehr in Angst waren, wie sie ihn bleich anstarrten und kein Wort mehr hervorbrachten. Seit Wochen und Monaten waren sie um ihn, verzichteten auf alles und wichen nicht von seiner Seite. Franz wollte sie aufrichten, ihnen Mut machen und gerne hätte er ihnen zurückgegeben, was sie für ihn aufbrachten. Ohnmächtig und gleichzeitig voll Zuversicht richtete er sich ein wenig auf: Ich bin der kleine Knecht Gottes, sagte er zu ihnen mit gebrochener Stimme, und Gott wird euch ersetzen, was ihr mir getan habt. Als es dann so weit war, flohen die Brüder trotzdem. Sie konnten es einfach nicht mitansehen.

Es kam also der Arzt und brachte das Eisen, mit dem er die Kauterisierung, wie es damals hieß, das Ausbrennen der Schläfen durchführte. Er ließ ein Feuer machen, um das Eisen zu erhitzen, und legte das Gerät hinein. Franz sah das Feuer und sein Lied war wieder da: Gepriesen seist du, mein Herr, durch Bruder Feuer, durch den du die Nacht erleuchtest; und es ist schön und liebenswürdig und kraftvoll und stark. Er sang immer wieder dieselbe Strophe. Dann wandte er sich direkt an Bruder Feuer: Sei höflich zu mir in dieser Stunde, und über das Feuer machte er ein Kreuzzeichen. Der Arzt begann mit dem Ausbrennen und Franz umarmte Bruder Feuer.

Fast übermütig rief er den Brüdern, die nach einer gewissen Zeit vorsichtig wieder die Nasen hereinsteckten, zu: Ihr Kleinmütigen, ich habe keinen Schmerz gespürt und auch nicht die Hitze des Feuers. Der Arzt wunderte sich nicht weniger, denn so etwas hatte er noch nicht erlebt. Er hatte sich nicht einmal bewegt – und trotzdem hatte es ihm nichts genützt. So viel stand fest, als die Wunde halbwegs vernarbt war. Immer noch schmerzten die Augen, immer noch tränten sie und immer weniger konnte er sehen. Als er gerade wieder transportfähig war, brachte man ihn im Frühjahr auf Anordnung von oben nach Siena, wo ihn ein weiterer Spezialist einer weiteren sinnlosen Prozedur unterzog. Die Klugen meinten es gut mit ihm. Er musste es erdulden und die engsten Brüder, die bei ihm waren, mitansehen.

Noch in Siena, ein halbes Jahr vor seinem Tod, verschlimmerte sich sein gesamter Zustand. Es waren lange nicht mehr nur die Augen, die ihn quälten. Auf Grund der dauernden Krankheit und eines zusätzlichen Leberleidens setzte der Magen aus. Er brach Blut und den Brüdern war klar, dass er nicht mehr lange leben würde. Diesmal reagierte Bruder Elias persönlich. Der Generalminister brachte Franz im Frühsommer 1226 – er war vierundvierzig Jahre alt – von Siena in die Einsiedelei Le Celle bei Cortona. Hier hielt er sich einige Zeit auf, bevor man ihn auf eigenen Wunsch zurück nach Assisi brachte. Sein Körper schwoll an, die Beine, die Füße und der Magen versagten immer mehr. Er konnte kaum noch Nahrung zu sich nehmen.

Franz spürte, dass es an das Ende ging, doch sein Geist war noch hellwach. Die Brüder, die in der letzten Zeit mit ihm waren, gehörten zu seinen engsten Vertrauten. Die meisten von ihnen waren Brüder der ersten Stunde, einfache und treue Männer, denen es um nichts als Franz und das Leben nach dem Evangelium ging, wie er es ihnen vorgelebt hatte. Auch wenn er nicht mehr sehen konnte, war er nicht blind. Es blieb ihm nicht verborgen, wie es inzwischen in seinem Orden zuging. Es wurde ihm zugetragen, wie die Brüder seine Regel diskutierten, welche Interpretationen die Oberklugen bereits anbrachten, wie aus der Einfalt des Ordensgründers eine Vielfalt von Kräften und Deutungen wurde. Noch einmal dachte er zurück und noch einmal wollte er seine Stimme erheben, etwas für alle Zeiten zurücklassen.

In der Abgeschiedenheit und Stille von Le Celle, nur ein kleines Bächlein plätscherte unter der engen Zelle vorbei, diktierte er einem Bruder sein Testament. In Gedanken holte er die Tage zurück, in denen alles begann. Und da ich von den Aussätzigen fortging, wurde mir das, was mir bitter vorkam, in Süßigkeit der Seele und des Leibes verwandelt, diktierte er. Seine Sätze fingen meistens mit ‚Und' an: Und nachdem mir der Herr Brüder gegeben hat, zeigte mir niemand, was ich zu tun hätte, sondern der Höchste selbst hat mir geoffenbart, dass ich nach der Vorschrift des heiligen Evangeliums leben sollte. Er beschrieb das genügsame Glück der Brüder in dieser ersten Zeit: Und sie waren zufrieden mit einer Kutte, innen und außen geflickt, samt Gürtelstrick und Hosen. Und mehr wollten wir nicht haben.

Noch einmal wiederholte er seine Lieblingsthemen, um sie den Brüdern ans Herz zu legen. Gleichermaßen schärfte er ihnen die Regel ein, die Lebensform, an der nicht gerüttelt werden sollte. Franz ahnte, worauf es ankam: Und der Generalminister und alle anderen Minister seien im Gehorsam gehalten, zu diesen meinen Worten nichts hinzuzufügen oder wegzunehmen. Und immer sollen sie mein Testament bei sich haben neben der Regel. Zum Schluss erteilte er ihnen seinen Segen. Es war zu spät, nicht für den Segen, aber für das Testament. Drei Jahre nach seinem Tod setzte der Kardinalsprotektor selbst, damals bereits Papst Gregor IX., die Gültigkeit des Testaments auf Betreiben der Ordensoberen außer Kraft. Die Entwicklung war nicht mehr aufzuhalten, auch wenn es Franz noch einmal versucht hatte.

Franz: Ich habe es noch einmal versucht und doch war es eigentlich ein Abschied. So wuchtig es klingt, was ich diktiert hatte, nahm ich darin doch zunehmend Abschied von meinem Leben und meiner Aufgabe. Das mit dem Loslassen klingt so leicht. Vielleicht habe ich es durch dieses Diktat, das gar nicht nach Loslassen klingt, geschafft. Danach, mein Sterben wollte ich nicht damit belasten, habe ich geschwiegen.

Du lebst dein Leben, machst etwas, hinterlässt Spuren. Dann entwickeln sie ein Eigenleben, du wehrst dich, du korrigierst. Eine Zeit lang zählst du noch, hört man noch auf dich. Du hast deine Zeiten, in denen alles gelingt, in denen es so läuft, wie du es dir erträumt hast. Du freust dich und bist begeistert. Der Fehler ist, dass du glaubst, es würde immer so weitergehen. Eines Tages musst du einsehen, dass sich Dinge weiterentwickelt haben ohne dich, dass du nicht mehr gefragt wirst, auch wenn vielleicht noch dein Name darüber steht. Du merkst, dass dein Leben eine Kurve ist, keine aufwärtsstrebende Gerade, und du merkst irgendwann, dass du bereits tief auf dem absteigenden Ast bist. So geht es weiter und eines Tages spürst du, dass deine Kurve an ihr Ende kommt. Das Loslassen hat aber eine Dimension, die ins Jenseits geht, sonst könnten wir nur klammern.

Mein Testament war vielleicht vehement, weil ich an den Auftrag dachte, den uns der Herr gegeben hatte. Manche Entwicklungen im Orden beschäftigten mich mehr als der eigene Tod, den ich vor mir spürte. Nimm dich nicht so wichtig, sagte ich mir immer wieder, und doch war mir die Sache so wichtig, für die ich mein Leben verbrachte. Es warf mich ständig hin und her. Lösung konnte ich keine finden. Ruhe fand ich erst, als ich mich in das Ende meines Lebens fügte, als ich innerlich akzeptieren konnte, dass es mit mir nun zu Ende ging und die Dinge sind, wie sie sind, sein werden, wie sie sein werden. Damit wurde ich erst reif zum Sterben.

Bruder Tod

Zum Sterben wollte Franz zurück in die Portiunkula. Wegen der großen Sommerhitze brachte man ihn vorerst nach Bagnaia, in die kühleren Berge oberhalb Assisis. Es schien, als warteten die Geier schon. Sie schielten bereits auf die Reliquien. Nachdem schon Brüder versucht hatten, ein kleines Stück seiner Kutte als Andenken zu ergattern, machte man sich in Assisi ernsthaftere Gedanken. Die Stadt lag immer noch in ständiger Rivalität zu Perugia, und als man von einer erneuten Verschlimmerung seines Zustandes erfuhr, befürchteten die Stadtväter, die Nachbarn könnten schneller sein und den angehenden Heiligen entführen. Man schickte schleunigst Soldaten nach Bagnaia, um ihn unter sicherem Geleit in die Stadt zu bringen, vorerst in den Bischofspalast, da er dort besser gepflegt werden konnte.

Die persönlichen Umstände seines Todes inszenierte Franz, wie es seine Art war, mit Gesten und Ritualen, so gut er noch konnte. Im Bischofspalast ließ er alle Brüder von der Portiunkula zusammenkommen und segnete einen jeden von ihnen. Blind musste er die einzelnen Köpfe ertasten, und seine Hand suchte nach Bruder Elias, den er in besonderer Weise segnete. Kein Wort von Ermahnung oder Kritik kam mehr: Gott sei eingedenk deiner Mühe und Arbeit, sprach er zu seinem Nachfolger im Amt und er wusste, wovon er sprach. Danach verlangte er nach Bruder Bernhard, dem Ersten seiner Brüder, der damals nach der gemeinsamen Nacht sein ganzes Hab und Gut unter die Armen verteilte, und empfahl ihn als besonderes Vorbild für die anderen Brüdern. Elias war der Macher, dem die Verantwortung über den Orden oblag, und in Bernhard sah er sich selber als lebendiges Vorbild. In den beiden Segnungen setzte sie Franz einander gegenüber, dem Leiter das Charisma, dem Machbaren das Ideal.

Die letzte Stunde nahte unweigerlich, und Franz ließ sich endgültig hinunter in die Portiunkula bringen, während er unterwegs zum Abschied seine Heimatstadt Assisi segnete. Ein letztes Mal ließ er sich von zwei Brüdern seinen Sonnengesang vorsingen, ergänzt durch jene Strophe, die er in den letzten Wochen noch hinzugefügt hatte: Gepriesen seist du, mein Herr, durch unseren Bruder, den leiblichen Tod; ihm kann kein Mensch lebend entrinnen.

Dann musste man ihm Brot bringen, das er segnete, brach und unter die Brüder verteilte. Die Erinnerung an das letzte Abendmahl nutzte er als Ritual, sich von seinen Brüdern zu verabschieden. Gleichzeitig las einer von ihnen die Evangeliumsstelle vor.

Eine unerwartete und gleichzeitig rührende Begebenheit schob sich noch in die letzten Stunden vor seinem Tod. Der große Asket verlangte nochmals nach seinen Lieblingskeksen. Man sollte nach jener Frau rufen, bei deren Familie er öfters zu Gast war. Sie sollte ein aschgraues Tuch für seinen Leichnam mitbringen, ein kleines Leinentuch für sein Angesicht, Kerzen, ein Kopfkissen und eben jenes Gebäck, das er immer so gern aß. Als ob sie es geahnt hätte, war Schwester Jakoba, wie er sie manchmal liebevoll nannte, zur Stelle und brachte die gewünschten Dinge mit.

Am Abend des 3. Oktober 1226, es war ein Samstagabend, starb Franz in der Portiunkula. Aus dem nahen Wäldchen hörte man die Lerchen singen, jene Vögel, die ihm immer am liebsten waren. Schwester Lerche stand ihm sehr nahe, weil sie auf der Straße ihr Futter sucht und, wenn es sein muss, auch im Mist der Tiere noch einen Strohhalm findet. Er liebte sie besonders, weil sie ein unscheinbares, grau geflecktes Kleid hat, wie er und seine Brüder, und auf dem Kopf eine kleine Haube, die ihn an seine Kapuze erinnerte. Die Schwestern Lerchen hatten die Farbe der Erde, auf der er nun lag. Wie er es wollte, nackt auf dem nackten Boden, umarmte Franz endgültig seinen Bruder Tod. Von den Brüdern wünschte er, dass sie ihn so lange liegen lassen, als man braucht, um gemächlich eine Meile weit zu gehen.

Franz: Es war meine Stunde, jene, die ihr gerne verdrängt. Was soll ich über das Sterben sagen? Für viele von euch ist der Tod ein Gegner und sie leben ihr Leben gegen ihn. Sie verdrängen, was Teil ihres Lebens ist oder unweigerlich sein wird, wahrscheinlich, weil sie glauben, danach sei alles aus. Der Tod aber ist unser Bruder, der zu Ende bringt, was zu Ende gekommen ist. Er nimmt uns aus dem Leben, um uns einem neuen Leben weiterzugeben. Er weiß, wie viel in uns noch nicht fertig, noch unvollendet ist, und zieht keinen endgültigen Schlussstrich. Er begleitet uns im Übergang, damit gut werden kann, was so noch nicht war.

Er ist ein sanfter Bruder, auch wenn wir so viel Angst vor ihm haben. Wir bäumen uns auf, kämpfen noch einmal, sträuben uns und wollen ihn nicht wahrhaben. Ich habe das in den Monaten zuvor in meiner Krankheit durchlebt. Wir kämpfen und ringen mit ihm, liegen in seinen Armen und wehren uns. Zuletzt kostet es uns die ganze Kraft. Dann kommt der Moment, auch wenn er manchmal sehr kurz ist, in dem wir uns ergeben, ihm und unserem Leben. Plötzlich ist es eine Erleichterung, sich nicht mehr zu sträuben, nicht mehr kämpfen zu müssen. Dann sind wir bereit, uns in seine Arme zu geben. Es ist ein warmes und leichtes Gefühl, wenn er uns aufnimmt. Bruder Tod ist gut zu uns, wenn er uns hinüberbegleitet. Mehr kann ich euch über das Sterben nicht sagen.

Bruder Tod könnte euch Männern helfen, das Leben milder zu betrachten. Er macht nicht alles sinnlos, aber er kann euch die Unterschiede lehren zwischen dem Wesentlichen und dem Unwesentlichen, dem Unwichtigen und dem, was das Menschliche ausmacht, dem Vergänglichen und Flüchtigen und dem, was bleibt. Ihr seht euer Leben anders, wenn ihr es aus dem Blickwinkel des Ewigen betrachtet.

Bruder Tod könnte euch lehren, was Erfolg ist: Fest in sich selber sich den Gegebenheiten und Herausforderungen des Lebens zu stellen, flexibel zu sein, ohne den eigenen Grund zu verraten, sich anzupassen, ohne sich zu verleugnen, sich selber und seinen Werten treu zu bleiben, innen wie außen, und das, was ihr gewählt habt, zu leben. Wahrer Erfolg ermisst sich nicht im Moment. Er muss auch vor eurem Bruder Tod bestehen. Damit erfüllt sich euer Leben, wenn ihr dann bereit seid, sich ihm zu ergeben.

Heute schiebt ihr Bruder Tod gerne vor euch her und wollt nichts von ihm wissen. Ewig leben, ewig jung sein, ewig potent bleiben, so lächerlich klingen die Parolen, und dabei sterben gerade diejenigen früher vor lauter Stress. Wenn ihr den Tod verleugnet, verfolgt er euch von hinten und ihr werdet zu Getriebenen. Das Leben wird zur letzten Gelegenheit, weil ihr glaubt, danach wäre alles aus, und dann muss noch alles hineingepackt werden. Im Grunde wird das Leben zu einem Albtraum, wie beim Staubkorn, das in der Rille einer alten Schallplatte sitzt, und plötzlich dreht sich der Plattenteller und die Nadel wird aufgesetzt. Unweigerlich kann es nur nach vorne flüchten, ohne Entrinnen und immer schneller. Das Staubkorn kann nie wissen, nach welcher Kurve es eingeholt wird. Ähnlich atemlos wird euer Leben, wenn ihr den Tod verdrängt.

Jeder Genuss wird zum Stress, weil ihr nie wisst, wann es der letzte sein wird. Euer Leben dreht sich nur noch um dessen Verlängerung und die Frage, was ihr darin noch alles unterbringen könnt. Dabei läuft ihr eigentlich davon vor dem, was euer Leben ausmachen könnte. Mit wahrem Genießen hat das längst nichts mehr zu tun. Wahrscheinlich bin ich nicht gerade der Spezialist für das Genießen, aber so viel kann ich euch sagen: Wirklich genießen könnt ihr erst, wenn ihr glaubt, dass mit dem Tod nicht alles aus ist, wenn ihr getragen seid von der Zuversicht, dass das Leben weitergeht. Dann erst könnt ihr wirklich genießen, weil es für euch ein Vorgeschmack ist auf das, was noch folgen wird.

Franziskus für Männer? Was soll ich euch noch sagen? Ihr könnt das Gesagte ernst nehmen oder auch nicht. Ihr könnt euch selber ernst nehmen oder auch nicht. Ihr könnt euer Leben weiter dahinleben oder auch nicht. Das Leben hat für uns Männer seine wechselnden Herausforderungen. Nicht zuletzt ist es darum so spannend. Wir müssen uns aber immer wieder diesem Leben stellen und als Berufene unseren Weg gehen. Und noch etwas: Wenn du deinen eigenen Weg gehst, kannst du nicht überholt werden.